Lutz von Werder

Einführung in die philosophische Lebenskunst

Die Kunst ein philosophisches Tagebuch zu schreiben

Schibri-Verlag Berlin • Milow

Die Deutsche Bibliothek - CIP-Einheitsaufnahme
Werder, Lutz von:
Einführung in die philosophische Lebenskunst /
Lutz von Werder
- Berlin; Milow: Schibri-Verl., 2000
ISBN 3-933978-04-1

Bestellungen über den Buchhandel, oder direkt beim
Schibri-Verlag
Dorfstraße 60
177337 Milow
Tel.: 039753/22757
email: Schibri-Verlag@t-online.de
http://www.schibri.com

Druck: Hoffmann-Druck GmbH, Wolgast
Umschlaggestaltung: Anne-Kathrin Burr, Rostock

ISBN 3-933978-04-1

Inhaltsverzeichnis

Kapitel 1
Einleitung – Philosophische Lebenskunst und Tagebuch

„Ich will ein Tagebuch schreiben der Menschenkenntnisse,
die ich täglich aus meinem Leben sammle.“
Johann Gottfried Herder, 1744-1803)

Es gibt eine lange Geschichte der Philosophie, in der viele philosophische Systeme entstanden und wieder einstürzten. Die Entwicklung des Ichs blieb von den philosophischen Systembauten und ihrem Schicksal weitgehend unberührt. Es spielte in diesen Systemen auch keine Rolle.

Die Philosophie der Lebenskunst stellt das Ich mit seiner Tragik und Dramatik in den Mittelpunkt des Selberdenkens. Philosophische Lebenskunst entwikkelt die Hilfe der Vernunft, da wo der Einzelne sich Gefahren konfrontiert sieht. Sie versucht, Wege aus den Gefahren der Welt zu weisen. Sie setzt auf Methoden der konkreten philosophischen Selbsthilfe im Alltag *(vgl. W. Schmid 1998, S. 10).*

Das Ich kann sich reflektieren lernen und nimmt Abstand davon, das Leben einfach unbewußt vergehen und verschwinden zu lassen. Der Einzelne kann durch die Methoden der Lebenskunst seine philosophische Biographie erschließen, die Typik seiner natürlichen Weltanschauung erkennen, philosophische Selbstanalyse betreiben, konkrete Lebensbelastungen bearbeiten und sein Verhältnis zur Gesellschaft, Umwelt und Transzendenz klären. Philosophische Lebenskunst stellt sicher, daß der Einzelne sich im Leben nicht selbst verfehlt. Philosophische Lebenskunst wird das Bauen eines philosophischen Systems systematisch umgehen, aber konsequent philosophisches Selberdenken in allen möglichen Lebenssituationen entwikkeln helfen. Philosophische Lebenskunst stärkt das Ich in einer postmodernen Gesellschaft, die mit allen Mitteln der Medien, der Werbung, der Ablenkung das Individuum in den Dienst nehmen will. Philosophische Lebenskunst unterstützt das Ich, um sein Leben fortwährend selbst gestalten zu können. Sie begleitet das Ich lebenslang im melancholischen Bewußtsein, daß das selbstgestaltete Denken und Leben scheitern muß und fragmentarisch bleibt. Philosophische Lebenskunst ist in den Lebensprozeß verliebt, nicht in das Lebensprodukt. Philosophische Lebenskunst läßt den Einzelnen sich selbst finden: In seinem Glück und in seiner Tragik. Der Praktiker und die Praktikerin der philosophischen Lebenskunst schöpfen ihr Leben, ihr Gehirn und ihre kreativen Denkressourcen gründlicher aus als der, der sein Leben einfach nach dem „Schema F 'runterlebt". Der Lebenskünstler und sein weibliches Pendant haben einen weiteren Horizont und kennen alle Typen von Weltanschauungen. Der Lebenskünstler weiß, wie die jeweilige Weltanschauung auf das Ich wirkt, und er wählt die ihm entsprechende. Er kennt die Entwicklung seines Denkens genauer als andere, die nur zeitgeistliche Meinungen von sich geben. Der Praktiker hat sich für die Weite der Methoden aus allen Philosophien der Welt entschieden, die das Leben und das Selberdenken steigern können. Er denkt deshalb nicht nur mit seiner linken, sondern auch mit seiner rechten Gehirnhälfte und verbindet so Gedanken und Bild. Er aktiviert nicht nur das Großhirn, sondern auch das mittlere und das Stammhirn und vermittelt Emotion und Vernunft. Er benutzt schließlich auch die transpersonalen Gehirnteile, um im Endlichen den Aufschwung zur Transzendenz zu erleben.

Im Zentrum der philosophischen Lebenskunst steht die Wahl der Mittel und Methoden für den Ausbau der eigenen Biographie, die Vertiefung der eigenen Philosophie, die Wahl geeigneter Methoden für die Lösung konkreter Lebensaufgaben, die Wahl des nächsten Schrittes in der Selbstanalyse, die Wahl der Methoden für die Klärung der Beziehung zum Ich, Wir, den anderen und der Transzendenz, auf dem Weg nach innen. Philosophische Lebenskunst steht kritisch zu den Megaerzählungen des Marxismus, Faschismus und einer platten Aufklärungsideologie. Philosophische Lebenskunst bekämpft die Verlockungen des Nihilismus, die das Ich liquidieren will.

Die ideale Praxis philosophischer Lebenskunst ist das philosophische Schreiben, weil es der Kern des Selberdenkens und das Medium der Wahl und Anwendung jeder Methode der Lebenssteigerung ist.

Das philosophische Schreiben basiert auf der Idee, daß die Welt Wille und Vorstellung ist *(A. Schopenhauer)*. Der Wille ist schwer zu verstehen, aber die Vorstellung ist durch philosophisches Schreiben zu entwickeln und zu vertiefen. Philosophisches Schreiben versteht, daß die Welt nicht Materie oder Idee, sondern Text ist. Philosophisches Schreiben eröffnet dem Einzelnen die Chance, am Welttext mitzuschreiben und die eigenen Texte auf der Festplatte des kosmischen Computers zu speichern. Das philosophische Schreiben verbindet die Erfahrung des Ichs in der physischen, psychischen und geistigen Welt. Es eröffnet dem Ich den Zugang zu geistigen Welt, von der *Karl R. Popper* sagt, daß sie wahrscheinlich schon vor der Entstehung der Erde bestand und ihre kurze Lebenszeit auch überdauern wird. *Jean-François Lyotard* sieht im philosophischen Schreiben die letzte Chance zum Widerstand gegen das sich beschleunigende und globalisierende System Ich-fremder Diskurse. Philosophisches Schreiben ist die zentrale Entschleunigungstechnik.

Die ideale Praxis des philosophischen Schreibens ist das Tagebuch. Das Schreiben eines philosophischen Tagebuchs ist die ideale Einführungspraxis in die philosophische Lebenskunst. Das philosophische Tagebuch wird nicht einfach hingeschrieben. Es ist etwas anderes als eine zufällige Ansammlung von Gedanken des Zeitgeistes im individuellen Arrangement. Es stellt ein Selberdenken von Tag zu Tag vor, das sich mit allen Methoden der philosophischen Lebenskunst vertraut macht, um sie ständig für alle Fälle parat zu haben. Das philosophische Tagebuch hilft so bei der philosophischen Ich-Analyse wie bei der philosophischen Ich-Überwindung. *(Vgl. G.R. Hocke 1978)*

Dieses Buch ist entstanden im Projekt „Philosophische Lebenskunst", das von der Alice-Salomon-Fachhochschule in Berlin Hellersdorf unterstützt worden ist.

Schlußbemerkung:
Um den Lesefluß nicht zu stören, sind Bezeichnungen, wie z.B. Philosophen, Praktiker, Zyniker etc. in der neutralen bzw. männlichen Form gehalten, gemeint ist natürlich die männliche und die weibliche Form, auch wenn von „er" oder „ihm" gesprochen wird.

Berlin, Dezember 1999 Lutz von Werder

Kapitel 2
Methoden der praktischen Philosophie und Lebenskunst im philosophischen Tagebuch

„Ein vollständiges Tagebuch zu machen, dazu habe ich keine Zeit mehr. Ich will also nur meine merkwürdigsten Stunden aufzeichnen."

(Johann Caspar Lavater, 1741-1801)

Heute fragen viele nach den Methoden der praktischen Philosophie und Lebenskunst. Deshalb sollen im Folgenden historische, systematische und indikative Aspekte der Methoden der philosophischen Lebenskunst und Praxis für das philosophische Tagebuchschreiben reflektiert werden. „Das Subjekt der Lebenskunst bedarf der Übungen, die zu vollziehen, und der Techniken, die anzuwenden sind, um Selbstmächtigkeit zu gewinnen und sich und sein Leben zu gestalten.“ *(W. Schmid 1998, S. 325)*

2.1 Das Schicksal der praktischen Philosophie

2.1.1 Die Einheit von theoretischer und praktischer Philosophie in der Antike

Noch bei den *Pythagoräern* bildete die theoretische und die praktische Philosophie eine Einheit. *Sokrates* (um 470-399 v.Chr.) zielte mit seinen Gesprächen nicht auf theoretisches Wissen, sondern auf Lebenswissen, und ebenso versuchten die *Sophisten*, die Kunst der Rede und des Argumentierens zu vermitteln, um das praktische Leben zu verbessern. Auch *Aristoteles* (384-322 v.Chr.) hat neben seinem theoretischen Werk in seinen „Ethiken“ Methoden der Lebensbewältigung dargestellt, die dann von der *Stoa* in ein großes System der praktischen Philosophie ausgebaut wurden: dazu gehörten die Methoden der Selbsterkenntnis, der Selbstbeherrschung, der Vorbereitung auf den Tod, den Schmerz. Außerdem entwikkelten sich im Neuplatonismus die Methoden zur Begehung des mystischen Weges.

2.1.2 Überleben der praktischen Philosophie im Mittelalter

Nur die Methode des mystischen Wegs überlebte in den christlichen Klöstern des Mittelalters und in der Frauen- und Volksmystik eines *Meisters Eckhart* und einer *Hildegard von Bingen*.

2.1.3 Ansätze zur praktischen Philosophie in der Neuzeit

In der Neuzeit bleibt praktische Philosophie ein Spurenelement der theoretischen Philosophie. So findet sich zum Beispiel die Meditationsmethode wieder bei *Montaigne, Descartes, Husserl, Jaspers, Heidegger* usw. Methoden der Gottesbeweise und Gotteswiderlegungen streuen von *Descartes* bis *Jaspers. Immanuel Kant* konnte in seiner „Anthropologie in pragmatischer Hinsicht" ein ganzes Arsenal des Selbstdenkens und der Selbstgestaltung des Menschen vorstellen: Der Ausbildung der Sinne diente Kant die Kontrastierung und die Abwechslung. Für die Vertiefung des Innen bot Kant die Traumarbeit an. Bei der Selbstbeherrschung ging Kant auf den Umgang mit den Lüsten und auf die Beherrschung des Gemüts angesichts von Affekten durch den kategorischen Imperativ ein.
In den 20er Jahren erscheinen in der Lebensreformbewegung Impulse zur Lebenskunst, die alle das hohe Ziel haben, „die Verstörtheit des Menschen angesichts der Herausforderung der Moderne" zu beseitigen. Daneben entwirft *Georg Simmel* in seiner „Philosophie des Geldes" die Idee von der Vielheit des Ichs

und seiner Freiheit in der Wahl seines Lebensstils als Kernprogramm einer praktischen Philosophie der Lebenskunst. Praktische Philosophie wird nun mehr und mehr als kreative Lebenskunst profiliert. *(P. Kriwitz 1986, S. 200)*

Neben diesen Spurenelementen dominiert allerdings die theoretische Philosophie in großen Systembauten, die die individuelle Lebenswelt ausblenden. Der Hauptstrom der Philosophie des 20. Jahrhunderts orientiert sich einseitig „an der wissenschaftlichen Erfahrung. Diese Philosophie klammert die Lebenserfahrung als vermeintlich irrelevant aus ihren Überlegungen aus." *(N. Hinske 1986. S. 154)*

2.1.4 Wiederherstellung der praktischen Philosophie und ihrer Methoden der Lebenskunst

Lebensphilosophie, Phänomenologie, Existenzphilosophie und Existentialismus haben für die praktische Philosophie nach dem 2. Weltkrieg, jenseits der Fachphilosophie, neue methodische Impulse gesetzt. *Karl Jaspers* legt das Methodenwerk der *„Existenzerhellung"* 1956 in 2. Auflage vor und schildert darin Methoden der Ich-Analyse, der Analyse der Ich-Du-Beziehung und der Transzendenz-Aufschwünge.

Konsequent entsteht 1981 *G.B. Achenbachs* Philosophische Praxis und *Alexander Dills* Berliner Philosophische Praxis. Auch das Sokratische Gespräch von Leonard Nelson und Gustav Heckmann wird in den 70er Jahren stärker verbreitet und in den 90er Jahren von der philosophischen Lebenskunst *Wilhelm Schmids* abgelöst.

Doch welche philosophischen Methoden der Lebenskunst schlagen diese Ansätze vor und welche Gefahren sind mit der Anwendung dieser Methoden gegeben?

2.2 Das Methodenverständnis in der praktischen Philosophie und Lebenskunst der Gegenwart

2.2.1 Philosophische Praxis

In der *philosophischen Praxis von Gerd B. Achenbach (*1941) und Alexander Dill* gibt es nur eine Methode, den philosophischen Dialog, der ohne alle Voraussetzungen zu führen ist. Da aber über diesen Dialog keine Dokumente existieren, ist der Dialogführung ein breiter Interpretationsspielraum eröffnet. Kein Wunder, daß viele Achenbach-Anhänger die klientenzentrierte Gesprächsführung von *Carl Rogers* als Hauptmethode praktizieren. *(Vgl. P. Zdrenka 1996, M. Berg 1992)*

2.2.2 Sokratisches Gespräch

Das *Sokratische Gespräch*, das von *Leonard Nelson* und *Gustav Heckmann (1882-1927/1898-1996)* neu etabliert wurde, verfügt über ausgefeilte Prinzipien dieser Methode, die alle den Aufstieg vom Konkreten zum Abstrakten unterstützen sollen und den Leiter als Moderator fordern.

2.2.3 Philosophie der Lebenskunst

Wilhelm Schmids „Philosophie der Lebenskunst“ von 1998 basiert auf einem viel größeren Fundus von

Methoden, die er unter folgenden neuen Schwerpunkten subsummiert:

- Techniken, um die Lüste zu genießen
- Techniken, um Schmerzen zu bewältigen
- Techniken, um mit dem Tod zu leben
- Techniken, um die Zeit auszuschöpfen
- Techniken, um experimentell zu leben
- Techniken, um Affekte zu bewältigen
- Techniken, um Widersprüche produktiv zu wenden
- Techniken, um negativ zu denken
- Techniken, um Melancholie zu pflegen und Gelassenheit zu üben

(W. Schmid 1998, S. 325-398)

Schmid (*1953) will mit diesen Methoden „einen optimistischen Pessimismus" bzw. „eine heitere Skepsis" erzeugen *(W. Schmid 1998, S. 12)*. Lebenskunst, als praktische Philosophie, wird von folgenden Kriterien der philosophischen Praxis bestimmt:

- Das Leben reflektiert und nicht unbewußt zu leben;
- Philosophieren als Lebenshilfe zu nutzen;
- Unsystematisch zu denken;
- den Einzelnen zu Selbstmächtigkeit zu führen;
- die Existenzwahl zu begleiten;
- die Fülle des Lebens erfahrbar zu machen „und nicht bei der Erfahrung des Nichts, das um uns her uns angehend, stehenzubleiben" *(Schmid, a.a.O., S. 13)*;
- die Horizonterweiterung zu eröffnen;
- „ein vervielfachtes Leben in einer einzigen Existenz zu erschließen." *(W. Schmid, a.a.O., S. 14)*

Das Methodenverständnis der praktischen Philosophie erweitert sich damit erheblich. Es ist allerdings auch in der Gefahr des Chaos. Insbesondere werden viele Methoden nicht auf den Alltag des modernen Menschen bezogen, der keine neue Utopie einer Philosophie der Lebenskunst, sondern konkrete Schritte für *eine philosophische Lebenslust* bräuchte

2.3. Zur Ordnung der Methoden der philosophischen Lebenskunst

Die Methoden der philosophischen Praxis lassen sich in drei verschiedenen Ansätzen ordnen: historisch, gehirnphysiologisch, alltagsbiographisch.

2.3.1 Die Ordnung der philosophischen Methoden in der Stoa

Die *Stoa* hat in der Geschichte der Philosophie das bisher umfassendste System der philosophischen Methoden der Lebenskunst hervorgebracht, das *Paul Rabbow* (Seelenführung) 1956 rekonstruierte. Dabei wurden von Rabbow folgende stoische Methoden identifiziert:

- Philosophische Meditation
- Prämeditation
- Selbstprüfung
- Selbstgespräch
- Selbstbeherrschung

Bei diesen Methoden spielte die tägliche Übung, die schriftliche Fixierung, die Arbeit mit Vorsätzen und Schlüsselsätzen eine wichtige Rolle. *(Vgl. L.v. Werder 1997, S. 326 ff.)*

2.3.2 Die Ordnung der philosophischen Methoden nach den Gehirnpotenzen

Bei der Ordnung der philosophischen Praxen kann man auch vom Aufbau des Gehirns ausgehen. Das entscheidende Organ der philosophischen Praxis der Lebenskunst ist nämlich das Gehirn. Das Gehirn hat einen bestimmten Aufbau. Die philosophischen Praxismethoden lassen sich deshalb nach folgenden Gehirnteilen anordnen, die sich für das Selberdenken aktivieren lassen:

Gehirnteil	Denkmethoden
linkes Gehirn	Logische Übungen, Gedächtnistechniken
rechtes Gehirn	Bilderdenken, Visualisierungsübungen, Brainstorming, Checklisten, Synektik, Bionik, laterales Denken
Stammhirn	emotionale Übungen, Brainfloating, Imaginationstechniken, Affirmationstechniken, Traumtechniken
Transpersonales Gehirn	Meditation, Selbsthypnose, Automatisches Schreiben, Channelling, Mind-Machines (Samadhi-Tank)

(Vgl. A. Wolters, J.J. Bambeck 1992)

2.3.3 Die Ordnung der philosophischen Methoden in der Lebensgeschichte und im Tagebuch

Selbsterkenntnis verstärkt sich erheblich durch autobiographisches Schreiben. Im Text drückt sich das Ich aus und kann sich aus Texten wiedererschließen.

(Wilhelm Dilthey) Durch schriftliche Äußerungen gestaltet sich das Ich und wirkt auf sich selbst zurück. Das postmoderne Ich ist multiple, hat keine feste Ich-Identität mehr, sondern eine flexible Kohärenz verschiedener Ich-Anteile, die durch ständige Identitätskrisen bedroht sind. *(Vgl. E.H. Erikson 1992)* Die Methoden der philosophischen Arbeit an der Biographie gliedern sich nach den *Arbeitsschritten Erinnern, Wiederholen und Durcharbeiten.* Diesen Schritten lassen sich folgende philosophische Denkmethoden zuordnen:

Biographische Arbeitsschritte	**Denkmethoden**
Erinnern	Freie Assoziation, Imagination
Wiederholen	Strukturen des Lebenslaufs nach innen und außen, Rekonstruktion der eigenen Weltanschauung
Durcharbeiten	Transformation der biographischen Erkenntnisse in eine erweiterte Lebensphilosophie, Transformation biographischer Texte in Poesie

Im *philosophischen Tagebuch* wird jeden Tag mit Beispielen aus der Geschichte der europäischen Philosophie eine philosophische Methode erprobt. Das Resultat dieser Erprobung kann die Entwicklung von Lieblingsmethoden des Denkens für die eigenen speziellen Krisenerfahrungen im Leben sein, um diese Krisenerfahrungen besser wenden zu können. In unserem philosophischen Tagebuch werden sich die Übungen der philosophischen Praxis, aufsteigend vom Ich zum Ganzen folgendermaßen aufbauen:

1. Philosophische Grundschreibtechniken
2. Übungen zur Selbstprüfung
3. Übungen zur Bewältigung von Grenzsituationen: Tod, Leiden, Kampf, Schuld
4. Übungen zu Ich, Du, Wir und zur Existenz
5. Übungen zur philosophischen Meditation,
6. Übungen zum metaphysischen Denken,
7. Übungen zur Bewältigung des Nihilismus
8. Übungen zur Reise nach innen.
9. Übungen zur Reise nach außen

2.4. Das Setting der Methoden der philosophischen Lebenskunst

Entscheidend für eine erfolgreiche Anwendung der philosophischen Methoden der Lebenskunst ist der Rahmen und das Adressatenverständnis philosophischer Praxis. Neben dem philosophischen Gespräch unter vier Augen ist die philosophische Schreibgruppe, das philosophische Café oder auch das philosophische Tagebuch als Ort der Einübung in die philosophische Lebenskunst möglich.

2.4.1 Philosophische Gespräche

Derartige Gespräche erfordern eine Struktur, die von der Dialogik *Martin Bubers* (1878-1965) vorgegeben wird, aber ebenso den Einbau und die Übung von Denk- und Schreibmethoden beinhalten kann.

2.4.2 Philosophische Gruppenarbeit

Diese Gruppenarbeit erfordert die Demokratie des Schreibdiskurses und damit das Thematisieren und schriftliche Bearbeiten sowie Diskutieren der entstandenen Texte zu grundsätzlichen philosophischen Problemen.

2.4.3 Philosophisches Café

Das Philosophische Café bietet niedrigschwellig praktische Philosophie für alle an. Das Setting dieses Ortes wird durch die Stille der Schreibarbeit, die Stimulierung des Selberdenkens, das Schreiben und das Reden über die geschriebenen und vorgelesenen Texte bestimmt.

2.4.4 Philosophisches Tagebuch

Für den Einzelnen, der philosophische Lebenskunst als Selbstmanagement entwickeln möchte, ist die Arbeit mit dem philosophischen Tagebuch der beste Weg, sich in die philosophische Lebenskunst selbst zu begleiten. Im Hauptteil dieses Buches wird deshalb eine umfängliche Einleitung in das philosophische Tagebuchschreiben vorgestellt und zur täglichen Übung (pro Tag zehn Minuten) proportioniert.

Alle Methoden der philosophischen Praxis werden vom Alltagsbewußtsein wieder vernichtet, wenn sie nicht im spezifischen Setting durch ständige Übung häufig wiederholt werden. „Repitition und Regelmäßigkeit der Ausübung bringt die Gewohnheit ... und eine Entlastung von der Wahl der Methoden mit sich.“ *(W. Schmid 1998, S. 326)*

2.5. Philosophische Methoden und philosophische Krise

Im Laufe des Lebens entwickelt jeder Mensch eine natürliche Lebensphilosophie. Wenn diese Philosophie angesichts von Grenzsituationen wie Tod, Schuld, Kampf und Angst völlig zusammenbricht, ergibt sich eine philosophische Krise, die den Einzelnen vor das Nichts stellen kann. Durch diese tiefe Krise kommt es dann zu einer Erneuerung und Erweiterung der natürlichen Lebensphilosophie oder zum Beginn von Selbstzerstörung und Depression.

Die Veränderung der Lebensphilosophie durch die Benutzung philosophischer Methoden kann aber ebenso eine philosophische Krise auslösen. Deshalb ist die Kenntnis der Erscheinungs- und Verlaufsweisen sowie der methodischen Abhilfen für philosophische Krisen sowohl für die Einzelanwendung wie für die Gruppenarbeit enorm wichtig.

2.5.1 Erscheinungsbilder von philosophischen Krisen

Bei philosophischen Krisen lassen sich folgende Erscheinungsbilder unterscheiden:

Typ der Krise	Phänomenologie der Krise
Denksturz	Die Gedanken überschlagen sich. Es ist im Denken kein Halt mehr zu finden.
Denkblock	Kein Gedanke regt sich. Alles ist und bleibt leer.
Denkzwang	Das Denken findet kein Ende, ständig umkreist es bestimmte existentielle Probleme, ohne eine Lösung oder Klärung zu erreichen.
Maßlose Denkerweiterung	Das Ich fühlt sich im Besitz unerhörter philosophischer Wahrheiten. Es hält sich womöglich für einen Sokrates oder Nietzsche.
Denkdogmatismus	Bestimmte Denkpositionen werden fixiert und ständig in jeder Lebenslage geäußert und benutzt.
Denknihilismus	Das Denken fixiert sich schließlich auf ein einziges Resultat: Es ist alles nichts und alles ist vergeblich.

2.5.2 Hilfen bei Denkkrisen

Gegen solche Denkkrisen lassen sich folgende Methoden anwenden:

Typ der Krise	Abhilfen
Denksturz	Denkverbot. Ablenkung durch körperliche Arbeit. Versuch der meditativen Beruhigung.
Denkblock	Klärung der Ursachen des Denkblocks durch automatisches Schreiben. Reflexion des entstandenen automatischen Textes im Hinblick auf mögliche Ursachen des Denkblocks.
Denkzwang	Gestaltung der Zwangsinhalte in Poesie, Prosa oder Märchen
Maßlose Denkerweiterung	Bei Psychose-Diagnose ist eine Psychose-Therapie angezeigt. Bei einer derartigen Therapie wird neben einer Psychotherapie mit kreativen Medien auch der Einsatz von Psychopharmaka notwendig.
Denkdogmatismus	Arbeit an der Begründung der dogmatischen Position, die im sokratischen Gespräch dann durch Relativierungen wieder aufgelöst werden sollte.
Denknihilismus	Meditation des Nichts als Schatten des Seins, der Dominanz des Alls über das Nichts, der Unhaltbarkeit des Nichts als Nichts ohne jedes Sein.

Die philosophische Praxis muß also Stabilisierungen (Grundorientierungen), Mittel der Arbeit an Denkkrisen, sowie der Durchstehung der Krise anbieten. Dabei spielen Vorbilder und Biographien von Philosophen, in deren Leben häufig Denkkrisen aufzutreten pflegen, eine wichtige Rolle. Schließlich ist es nötig, bei der Bekämpfung von philosophischen Krisen ein Netzwerk (philosophisches Krisen-Netzwerk = PKN) zu gründen, wo jederman von Fachleuten bei philosophischen Krisen beraten werden kann.

Die beste Anwendung und Einübung der philosophischen Lebenskunst verweist aber auf das Führen eines philosophischen Tagebuchs. Die Kontinuität des Tagebuchschreibens und die Sanftheit seiner Wirkung stellt sicher, daß es höchst wahrscheinlich überhaupt nicht zur Entwicklung einer philosophischen Krise kommt.

Kapitel 3
Philosophische Basisschreibtechniken

„Welche Lücke in meinem Tagebuch! – Gottlob, daß Sie nicht auch in meinem Innern, in mir selbst ist.“
(Franz von Baader, 1765-1841)

Es gibt keinen Philosophen, der nicht mit Notizen, Einfällen, Visionen sein Denken begleitet hätte. Der beste Ort, den Prozeß des Selberdenkens zu begleiten, ist das philosophische Tagebuch. Ein philosophisches Tagebuch zu schreiben, zielt auf Ich-Analyse und Ich-Überwindung *(G.R. Hocke 1978)* Mit Hilfe des philosophischen Tagebuchs kann man beginnen, sich von störenden Weltinterpretationen zu befreien.
In der Geschichte der Philosophie sind viele Tagebücher überliefert. Sie reichen *von Michel de Montaigne* über *Blaise Pascal, Georg Christoph Lichtenberg, Novalis* bis zu *Sören Kierkegaard, Albert Camus, Jean-Paul Sartre, Karl Jaspers, Mircea Eliade* usw. Wenn man das philosophische Tagebuchschreiben als eine Methode zum Selberdenken benutzen will, ist es sinnvoll, nicht einfach drauflos zu schreiben. Man sollte zuerst die philosophischen Grundschreibtechniken benutzen, und dann ein System des philosophischen Tagebuchschreibens entwickeln. Beide Stufen des philosophischen Tagebuchschreibens wollen wir nun vorstellen und üben.

3.1 Sokratische Selbstbefragung:

Der antike *Sokrates* ließ keine Behauptung unbefragt. Jede Behauptung ging er mit W-Fragen an, damit das oberflächliche Alltagswissen zerbrochen und das wirkliche Wissen bzw. Nicht-Wissen ans Tageslicht kommen konnte. Diese Selbstbefragung sollte man schriftlich machen.

Übung:
Stellen Sie irgendeine philosophische Behauptung auf (z.B. „die Erde ist rund"). Stellen Sie dann diese Behauptung in Frage (z.B. „Warum ist die Erde rund?"). Stellen Sie dann eine zweite Behauptung auf (z.B. „Die Erde ist rund, weil sie eine Kugel ist.").

Auch diese zweite Behauptung wird dann wieder in Frage gestellt („Warum ist die Erde eine Kugel?“). Wenn Sie dieses radikale Fragen gegen jede folgende Behauptung wenden, werden Sie den Kreis Ihres Wissens bald durchmessen haben und mit feiner Ironie an den Bereich des Nichtwissens stoßen. Dieser Anstoß ans Nichtwissen wird eine wichtige Quelle für Ihr weiteres Selberdenken werden. Sie werden auf die Frage stoßen, warum es etwas gibt, das man nicht denken kann, das aber doch sein kann.

3.2 Grundmethoden des philosophischen Schreibens

Die Grundmethoden des philosophischen Schreibens entnehmen wir der Geschichte der Philosophie.

1. Tag: Die vier Hauptsätze niederlegen:

In der Schule des *Epikur* (341-271 v.Chr.) war es üblich, die Grundlehren der Philosophie der Lust in vier Hauptsätze zu fassen. Die vier Hauptsätze des Epikur lauteten:

- „Vor Gott braucht man sich nicht zu fürchten.
- Der Tod erzeugt keine Angst.
- Das Gute ist leicht zu beschaffen.
- Das Schlimme dauert nicht lange.“

(W. Schmid 1962)

Übung:

Schreiben Sie die vier Hauptsätze Ihrer natürlichen Lebensphilosophie nieder. Schreiben Sie einen Satz über Gott, den Tod, das Gute und das Schlechte. Beginnen Sie diese Sätze mit:
Gott ist ...
Der Tod ist ...
Das Gute ist ...
Das Schlimme ist ...

2. Tag: Einen Lehrsatz vertiefen:

Vom Stoiker *Chrysippos* (280-206 v.Chr.) ist das philosophische Schreiben im Ausgang von einem Lehrsatz überliefert: „Chrysippos setzte sich oft mit dem nämlichen Lehrsatz auseinander, indem er alles, was ihm gerade einfiel, zu Papier brachte, es häufig wieder verbesserte und mit einer übergroßen Anzahl von Belegstellen ausstattete." *(Diogenes Laertius 1990, Bd. 2, S. 93)*

Übung:
Schreiben Sie einen Ich-Satz Ihrer natürlichen Lebensphilosophie nieder. Setzen Sie sich dann mit diesem Ich-Satz auseinander, indem Sie alles, was Ihnen zu diesem Lehrsatz einfällt, zu Papier bringen, es dann verbessern und mit Zitaten anderer Philosophen belegen und erweitern. Beginnen Sie diesen Satz jetzt mit dem Wort: „Ich ..."

3. Tag: Kernsätze zur philosophischen Autobiographie

Der stoische Kaiser *Marc Aurel* (121-180 n.Chr.) veröffentlichte im ersten Kapitel seines Werkes „Selbstbetrachtungen" ein Schreibmodell der philosophischen Kernsätze zur Autobiographie seines Ichs. Seine wichtigsten Kernsätze zur Entwicklung seines philosophischen Ichs handelten von seinem Urgroßvater, seinem Großvater, seinem Vater, seiner Mutter, seinem Bruder, seinen Erziehern, seinem Freund und den Göttern.

Übung:
Schreiben Sie einen Satz über eine oder mehrere Personen, die Sie philosophisch am meisten beeinflußt hat.

4. Tag: Philosophische Meditationen

René Descartes' (1596-1650) wichtigste überlieferte Schreibmethode ist die philosophische Meditation. Er beschreibt sie in seinem Hauptwerk „Meditationen" folgendermaßen: „Ich will jetzt meine Augen schließen, meine Ohren verstopfen und alle meine Sinne ablenken, auch die Bilder der körperlichen Dinge sämtlich aus meinem Bewußtsein tilgen oder doch, da sich dies kaum tun läßt, sie als eitel und falsch gleich nichts erachten.
Ich will mich nur mit mir selber unterreden, tiefer in mich hineinblicken, versuchen, mir mich selbst nach und nach bekannter und vertrauter zu machen." *(R. Descartes 1965, S. 27)*

Übung:
Schließen Sie Ihre Augen. Beachten Sie Ihre spontanen Gedankeneinfälle nicht. Spalten Sie Ihr Ich in zwei Personen, die sich über Sie selbst unterhalten. Reden Sie also als Ich 1 und Ich 2. Öffnen Sie dann die Augen und schreiben Sie das Resultat Ihres Selbstgesprächs über sich in ein paar Sätzen nieder.

5. Tag: Automatisches Schreiben

Die Philosophin *Jean-Marie Guyon* aus Montargis (Frankreich 1648-1717) erfaßte oft die „plötzliche und unwiderstehliche Neigung, die Feder zur Hand zu nehmen, obwohl sie sich zum philosophischen Schreiben durchaus unfähig fühlte und nicht einmal den Gegenstand kannte, über den sie zu schreiben gezwungen sein würde." *(E. Underhill 1960, S. 88)* Madame Guyon praktizierte diese philosophische Schreibmethode, die auch die Grundlage vieler Werke des Philosophen *Jakob Böhme* (1575-1624) war. Im 20. Jahrhundert finden wir diese Methode bei *Albert Schweitzer* (1875-1965) wieder. Er berichtet: „Geistesabwesend saß ich auf dem Deck des Schleppkahns, um den elementaren und universellen Begriff des Ethischen ringend, den ich in keiner Philosophie gefunden hatte. Blatt um Blatt beschrieb ich mit unzusammenhängenden Sätzen ... Am Abend des dritten Tages ... stand urplötzlich, von mir nicht geahnt und nicht gesucht, das Wort ‚Ehrfurcht vor dem Leben' vor mir." *(A. Schweitzer 1997, S. 138)*

Übung:

Schreiben Sie sofort einige philosophische Sätze ohne viel Überlegung und ohne jede Zensur. Stellen Sie dann fest, ob Sie einen Gedanken gefaßt haben, der größer ist als Ihr Ich.

6. Tag: Tagträumen

Karl Jaspers (1883-1969) animierte sich zum Schreiben durch Tagträumen, die auch *für Ernst Bloch* (1885-1977) der wichtigste Anlaß zum philosophischen Schreiben wurde. Karl Jaspers schreibt: „Philosophisches Schreiben geht nur, wenn ständig etwas anderes als Plan und Lenken zur Wirkung kommt: das Träumen." *(K. Jaspers 1958, S. 317)* Ernst Bloch mahnt: „Kein Mensch lebt je ohne Tagträume, es kommt darauf an, sie immer weiter zu kennen und dadurch unbetrüglich, hilfreich, aufs Rechte gezielt zu halten." *(E. Bloch 1959, S. 1)*

Übung:

Schließen Sie die Augen und versuchen Sie, sich die Tagträume des letzten Tages vorzustellen. Beschreiben Sie die Inhalte Ihrer

philosophischen Tagträumereien über Ihr Ich hinaus in einigen Stichworten. Verfassen Sie dann aus diesen Stichworten einen kleinen philosophischen Text.

7. Tag: Die Verfertigung der Gedanken beim Schreiben

Heinrich von Kleist (1777-1811) erkannte die Bedeutung der Verfertigung der Gedanken beim Reden. Der Existentialist *Jean-Paul Sartre* (1905-1980) produzierte sein Werk mit Hilfe einer ähnlichen Methode wie die Heinrich von Kleists. Sartre sagte einmal: „Ich kann nicht denken, ohne zu schreiben.„

Übung:
Schreiben Sie einfach los, bis sich Ihnen beim Schreiben ein philosophischer Gedanke, der über Sie selbst hinausgeht, verfestigt.

8. Tag: Die natürliche Lebensphilosophie des Ichs typisieren

Jedes Ich besitzt eine eigene Lebensphilosophie. Sie ist aber unbewußt. „Diese Philosophie vom Ganzen der Welt und seines Lebens realisiert der Mensch meistens unbewußt, ohne es besonders zu wissen in seinem alltäglichen Leben.“ *(K. Jaspers 1954, S. 184 f.)* Die eigene Lebensphilosophie kann bewußt gemacht werden mit den Techniken der philosophischen Lebenskunst. So sagt *Karl Raimund Popper* (1902-1994): „Wir haben alle unsere Philosophie, ob wir dessen gewahr werden oder nicht, und unsere Philosophien taugen nicht viel. Aber ihre Auswirkungen auf unser Handeln und unser Leben sind oft verheerend. Deshalb ist es notwendig, unsere Philosophie

durch Kritik zu verbessern. Das ist meine einzige Entschuldigung dafür, daß es überhaupt noch Philosophie gibt.“ *(K.R. Popper 1973, S. 45)*
Als entscheidende Methode des Bewußtmachens und Veränderns der eigenen natürlichen Lebensphilosophie stellt sich seit 3000 Jahren das Schreiben dar. Wir sollten also unsere natürliche Lebensphilosophie beschreiben. Dafür ist es wichtig, Typen der natürlichen Lebensphilosophie zu unterscheiden. In der Postmoderne gehen wir deshalb von folgenden Typen der natürlichen Lebensphilosophie aus:

1. Nihilisten:
Sie setzen nicht mehr auf ein Jenseits, sondern auf Zerstörung und Selbstzerstörung. „Der Sinn, das Positive, der Halt, liegt allein in dieser Negation, das allein übrig bleibt.“ *(K. Jaspers 1954, S. 294)* Der Nihilist baut auf dem Abgrund bodenloser Tiefe. So kann er ständig seine Weltanschauung wechseln, um Substanz und Gehalt und letzten Sinn zu finden.

2. Skeptiker:
Sie glauben, daß die Welt nicht zu erkennen ist. Gegenüber den Verhältnissen, meinen sie, sollte man sich unentschieden verhalten, „immer forschend, niemals überzeugt.“ *(K. Jaspers, a.a.O., S. 298)* Der höchste Lebenswert ist die Gleichgültigkeit.

3. Zyniker:
Sie neigen in allen Fragen zur Polemik, durchschauen alles und entdecken überall Schein, Betrug und Sinnlosigkeit.

4. Humanisten:
Sie stellen den Menschen in den Mittelpunkt ihres Denkens. Sie verstehen sich als Vertreter toleranter Menschlichkeit. Alles Erkennen geschieht in den Grenzen menschlicher Erkenntnis. Der Mensch kann über den Menschen nicht hinaus. Die Götter sind nur ideale

Abbilder der Menschen. Oft glauben sie auch an eine bessere Zukunft der Menschheit.

5. Dogmatiker:

Die Dogmatiker kennen die Wahrheit. Sie lieben Maß und Grenze. „Alles Verschwommene, Dunkle und Mystische wird ausgeschaltet. Durchsichtig, von kristallener Klarheit, muß die Welt gedacht werden.“ *(K. Jaspers, a.a.O., S. 310)* Wer sein Dogma kritisiert, wird zum Feind oder Verfolger.

6. Mystiker:

Die Mystiker streben über die Welt in ihrer Subjekt- und Objekt-Spaltung hinaus. Die Mystiker sehnen sich nach der Ekstase der Vereinigung mit dem Absoluten. „Abgelehnt werden alle gegensätzlichen Erkenntnisse ... zugunsten der übergreifenden Einheit.“ *(K. Jaspers, a.a.O., S. 78)* Die Mystiker sind gegen Gesetze, Ordnung und Regeln, sie lieben Meditation und Trance. Sie lehnen Wissenschaft und Philosophie ab.

Übungen:

- **Um herauszufinden, welcher natürlichen Lebensphilosophie Ihr Ich zuneigt, ergänzen Sie bitte folgende Anfangssätze und schreiben Sie auch eine Begründung:**

Gott ist ..., weil ...
Der Mensch ist ..., weil ...
Das Leben ist ..., weil ...
Die Welt ist ..., weil ...
Mein oberster Wert ist ..., weil ...
Mein Lebensziel ist ..., weil ...
Die Gesellschaft ist ..., weil ...
Die Liebe ist ..., weil ...
Die Hoffnung ist ..., weil ...
Das Universum ist ..., weil ...
Die Natur ist ..., weil ...

- Stellen Sie auf der Basis Ihrer Glaubenssätze fest, welchen Typ oder welcher Typenmischung der natürlichen Lebensphilosophie Sie mit Ihrem Denken zugehören.

9. Tag: Den philosophischen Lebenslauf des Ichs schreiben.

Jedes Ich durchläuft nach *E.H. Erikson* acht Krisen im Lebenslauf. In jeder dieser Krisen formuliert das Ich seine Glaubenssätze um. Nach Erikson phantasiert das Ich im Säuglingsalter Bilder der kosmischen Ordnung. Im Kleinkindalter entwickelt es Ideen von Gesetz und Ordnung, im Spielalter erscheinen „ideale Leitbilder". Im Schulalter denkt das Ich über Technische Ordnungen nach. In der Pubertät entwickelt das Ich Ideen vom Ganzen der Welt. Das frühe Erwachsenenalter zeigt Muster der Kooperation und Konkurrenz. Das mittlere Erwachsenenalter reproduziert den Zeitgeist. Im späten Erwachsenenalter entwickelt sich „Weisheit".

Übung:
Um die Entwicklung Ihrer Philosophie im Lebenslauf andeutungsweise zu erfassen, vollenden Sie bitte folgende Sätze:
- Die kosmische Ordnung ...
- Gesetz und Ordnung ...
- Meine idealen Leitbilder ...
- Die technische Ordnung ...
- Das Ganze der Welt ...
- Kooperation und Rivalität ...
- Der Zeitgeist ...
- Meine Weisheit ...

Prüfen Sie dann Ihre acht Sätze, ob Sie aus den acht Sätzen Aussagen über die Entwicklung Ihrer Philosophie im Lebenslauf gewinnen können. Schreiben Sie Ihre Aussagen gleich auf.

Wenn Sie mit diesen Schreibmethoden arbeiten, werden Sie eine interessante Erfahrung machen. Sie werden sich fragen: „Wo ist denn eigentlich mein Ich, wenn ich ein philosophisches Tagebuch schreibe?" Die Antwort lautet:
Das philosophische Tagebuchschreiben versetzt uns durch Selberdenken an einen anderen Ort.
Das Selberdenken unterbricht den Alltag und die gewöhnliche Tätigkeit des Ichs.
Das Selberdenken verletzt die Welt des Ichs und der Sinne. „Das denkende Ich", schreibt *Hannah Arendt* (1906-1975), „... ist streng genommen nirgends." *(H. Arendt 1993, S. 195)*
Das Selberdenken befaßt sich mit dem Nicht-Erscheinenden und dem Nicht-Gegenwärtigen..
Das philosophische Tagebuchschreiben ist jenseits des Ichs beim Schreiben im Nirgendwo und Nirgends.
Der philosophische Tagebuchschreiber erlebt im Nirgendwo und Nirgends den ortlosen Ort und die zeitlose Zeit. Er erlebt „die fortdauernde Gegenwart inmitten der ständig sich wandelnden Flüchtigkeit der Welt." *(H. Arendt, a.a.O., S. 207)*
Der philosophische Tagebuchschreiber schafft sich so für Augenblicke einen sicheren Ort jenseits des Ichs in allen Strömen der Zeit.

3.3 Die systematischen Methoden des Selberdenkens im philosophischen Tagebuch

Bisher haben wir die acht flexiblen Grundmethoden des philosophischen Schreibens im Tagebuch kennengelernt. Daneben gibt es aber auch die systematischen Methoden des Selberdenkens im Tagebuch. Diese Methoden bestehen darin, daß Sie sich vom

Konkreten bis zum Abstrakten von Tag zu Tag schreibend voranarbeiten. Sie beginnen also mit den Übungen zur Selbstprüfung, setzen sich dann mit den Grenzsituationen auseinander, untersuchen die Beziehungen von Ich und Du, Ich und Wir, Ich und Existenz, üben das philosophische Meditieren und das metaphysische Denken, bearbeiten das Problem des Nihilismus und treten dann die Reise nach innen und nach außen an.

3.4 Die tiefere natürliche Lebensphilosophie

Der eigenen natürlichen Lebensphilosophie kommt man durch Erinnern auf die Spur. Das Erinnern gestaltet sich nach *Sigmund Freud* sehr einfach. Jemand, der sich erinnert, „versetzt sich in eine frühere Situation ... teilt die psychischen Vorgänge derselben mit ... und fügt daran, was sich durch die Umsetzung der damals unbewußten Vorgänge in bewußte ergeben kann.“ *(S. Freud: Erinnern, Wiederholen, Durcharbeiten. In: Ders. Gesammelte Werke, Frankfurt 1969, Bd. X, S. 127)* Die Zurückversetzung in frühere Situationen des eigenen Lebens, in denen sich die eigene Philosophie kräftig entwickelt hat, gelingt sehr gut mit dem Entwurf einer Entwicklung ihres Selbstwertgefühls im Lebenslauf.

Übung:
Zur Rekonstruktion der Entwicklung Ihres Selbstwertgefühls im Lebenslauf entwerfen Sie also folgendes Koordinatensystem:

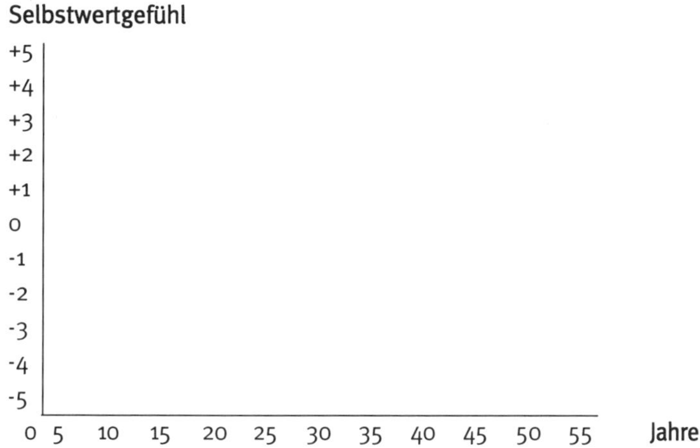

Dieses Koordinatensystem ermöglicht es Ihnen, die Entwicklung Ihres Selbstwertgefühls im Lebenslauf für die jeweiligen Lebensjahre festzulegen. Diese Festlegung gelingt Ihnen leicht, wenn Sie alle fünf Jahre auf Ihrer Skala von +5 bis -5 ankreuzen, wo Ihr Selbstbewußtsein sich zu diesem Zeitpunkt befand und diese Kreuze mit einer Linie verbinden. Dabei hat sich z.B. für einen 50jährigen Lehrer folgende Entwicklungslinie seines Selbstwertgefühls ergeben. Dazu folgende Grafik:

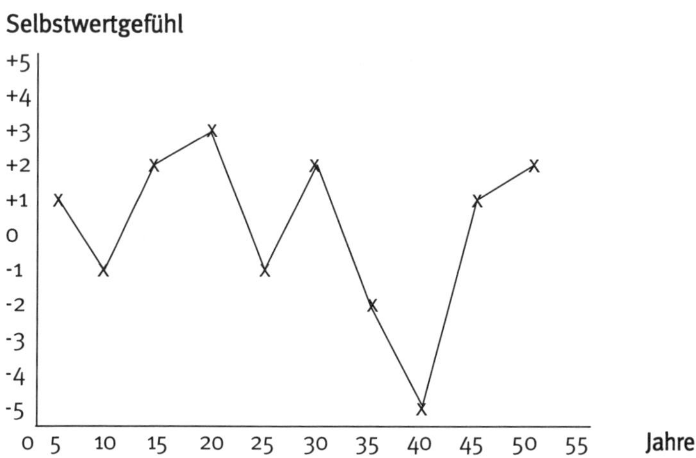

Wenn Sie also die Tiefpunkte in der Entwicklung Ihres Selbstwertgefühls in Ihrem Leben zeitlich fixiert haben (in unserem Bild der Gefühlslinie des Lehrers ist es das 10., 25. und 40. Lebensjahr), schließen Sie die Augen. Stellen Sie sich ihre Lebenstiefpunkte vor. Schreiben Sie dann die Fragen auf, die bei Ihnen diese Tiefpunkte hervorgerufen haben und die Antworten, die Sie aus Ihren Tiefpunkten wieder herausgeführt haben. Dabei können Sie mit folgender kleiner Grafik arbeiten:

Lebensfragen und Lebensantworten

	Fragen	Antworten
z.B.:		
10. Jahr		
25. Jahr		
40. Jahr		

Anhand dieser Fragen und Antworten erfassen Sie leicht, was Sie in entscheidenden Lebenssituationen gedacht haben und wie sich dieses Denken an entscheidenden Grenzsituationen im Laufe Ihres Lebens über verschiedene Stationen weiter entfaltet hat. In dieser Entwicklung werden Ihnen wichtige Aspekte der Entfaltung Ihrer natürlichen Lebensphilosophie sichtbar.

Halten Sie nun die wichtigsten Aspekte der Entfaltung Ihrer natürlichen Lebensphilosophie in einigen Sätzen fest.

Kapitel 4
Übungen zur Selbstprüfung

„Tagebücher sind eigentlich schon gemeinschaftliche Bücher.
Man wird sie vielleicht einmal in Masse schreiben.“
(Novalis, 1772-1801)

Die Selbstprüfung wurde zur philosophischen Praxis durch den Spruch am antiken Apollontempel in Delphi: „Erkenne Dich selbst“. Selbstprüfung als Selbsterkenntnis sieht sich der Schwierigkeit gegenüber, daß das Ich als Subjekt des Erkennens zugleich Objekt des Erkennens werden soll. Dieser Schwierigkeit kann das Ich begegnen, indem es Teile von sich als Objekte der Selbsterkenntnis sich gegenüberstellt: z.B. die moralischen Qualitäten des Ichs, die Macht der Emotionen über das Ich, die Flüchtigkeit des Ichs, die Eigenheiten des Ichs, das dem Ich gegenüber Unbewußte, die Selbsttäuschung des Ichs, die Handlungsspuren des Ichs, die Fehlleistung und Träume des Ichs sowie die Differenz von Ich und Existenz.

Die Selbstprüfung steht weiter vor dem Problem, daß das Ich sich selbst schafft, um bei der Reflexion seiner selbst dann festzustellen, daß es sich nicht selbst geschaffen hat. Das Ich ist in seinem aktiven Verhalten zu sich selbst immer nur die Möglichkeit der Ich-Verwirklichung. Deshalb gibt es für das Ich keinen fixierbaren Gegenstand, sondern immer nur die erfahrbare Gewißheit, in diesem Handeln erfahre ich, daß ich selbst bin. Aber gerade das Handeln kann zum Gegenstand intensiver reflektierender Selbstkritik werden. So kann Selbstprüfung zur Verzweiflung führen, weil das aktuelle Urteil über das Ich für endgültig gehalten wird, obwohl es doch nur ein zeitliches Urteil für den Augenblick sein kann. Aus der Verzweiflung befreit die Erfahrung von anderen Menschen, deren Ich ausdrückt, was sie sind. Diese Menschen verbreiten den Eindruck, sie erzwingen sich nicht selbst, sondern verwirklichen sich selbst. Soweit ein Ich sich selbst ausbleibt und Bodenlosigkeit erlebt, ist der Freund, der nicht zweifelt, der einzige Halt.

Der Freund oder die Freundin steht dem reflektierenden Ich bei, auch wenn das Ich sich selbst schon verloren gibt. Keinem Ich werden jemals seine Möglichkeiten zu leben erlöschen, auch wenn das Ich diese Möglichkeiten selbst nicht mehr erkennt. Die Möglichkeiten des Ichs werden faktisch, wenn das Ich nicht reflektiert, sondern existiert. Die Zweifel des Ichs an seinem Dasein lösen sich durch den Denkakt des Zweifelns selbst auf. Im Zweifel am Ich wird dem Ich deutlich, daß es zweifelt, also denkt, also ist. Wenn diese Unbezweifelbarkeit des Zweifels mit vitalem Lebensgefühl begleitet wird, verschwindet der Zweifel am Dasein des Ichs von selbst.

Aus der Geschichte der philosophischen Selbstprüfungen und Selbstreflexionen entsteht ein Bild von der Entwicklung der Selbsterkenntnis. Wenn man die Geschichte dieser Methoden der Selbsterkenntnis sich praktisch aneignet, werden die Schwierigkeiten der Selbsterkenntnis geringer. Auch mit den Gefahren der Selbsterkenntnis: der Selbstüber- oder -unterschätzung kommt man nun besser zurecht. Erfährt man doch aus der Geschichte der Selbsterkenntnis, daß diese auch ein Stück „Höllenfahrt“ werden kann, ehe sie zum stabilen Selbstbewußtsein verhilft.

Fangen wir also nun mit unseren Übungen zur Selbstprüfung an:

10. Tag: Selbstbeobachtung

Bei *Michel de Montaigne* (1533-1592) vollzieht sich Selbsterkenntnis im Geist der Neuzeit nur auf dem Wege empirischer Selbstbeobachtung und Selbstanalyse des individuellen Lebens. Über seine neunjährige Selbstanalyse, die er nach seinem Rückzug aus der Politik begann, schreibt er: „Die anderen gehen immer anderswohin ... Ich kreise in mir selbst.“ *(M. de Montaigne 1953, S. 537)* Das Ergebnis einer Selbstanalyse war die Erkenntnis der permanenten Veränderung seines Ichs im Laufe von Tagen und Wochen. „Ich heute und Ich einst, das sind zweierlei Menschen: aber welcher der bessere, wüßte ich nicht zu sagen ... so aber bin ich, der torkelnde, schwindlige, unstetige Gang eines Betrunkenen, oder ich gleiche einer Binse, die der Wind hin und her weht, wie er will.“ *(M. de Montaigne 1953, S. 759)* Das Ich als ständig sich veränderndes Wesen kann Montaigne nicht fassen. Montaigne befreit sich aber durch seine Selbstreflexion von jedem Anspruch der Mustergültigkeit seines Ichs. Die Selbstanalyse des Ichs erweist sich als unergründlich und unerschöpflich: „Jeder Tag bringt einen neuen Einfall. Unsere Stimmungen verändern sich, wie die Zeit sich bewegt.“ *(M. de Montaigne 1996, S. 159)*

Übung:
Versuchen Sie die Entwicklung Ihres Ichs zu fixieren. Schreiben Sie die Entwicklung Ihrer Gedanken und Gefühle in Form eines Tageslaufprotokolls am Ende dieses Tages einmal auf.

Das Tageslaufprotokoll sollte folgende Spalten haben:
Spalte 1: Stundenangaben,
Spalte 2: Fakten,
Spalte 3: Gedanken,
Spalte 4: Gefühle.
Sie können auch an mehreren Tagen solche Tageslaufprotokolle anlegen. Wenn Sie diese Protokolle miteinander vergleichen, werden Sie sehr schön den „torkelnden Gang“ Ihres Ichs erkennen.

11. Tag: Moralische Selbstprüfung

Immanuel Kant (1724-1804) spricht von der Höllenfahrt der Selbsterkenntnis: „Dieses ist, erforsche, ergründe Dich selbst ... nach der moralischen Vollkommenheit, in bezug auf Deine Pflicht - Dein Herz, ob es gut oder böse sei, ob die Quelle Deiner Handlungen lauter oder unlauter und was ... ihm selbst zugerechnet werden kann und zum moralischen Zustand gehören mag ... Die moralische Selbsterkenntnis ... ist aller menschlicher Weisheit Anfang ... Nur die Höllenfahrt der Selbsterkenntnis bahnt den Weg zur Vergötterung.“ *(I. Kant 1962, Bd. 4, S. 576)* Kant warnt vor der Fehlentwicklung der Selbsterkenntnis, die er als schwärmerische Verachtung oder als eigenliebige Selbstschätzung bezeichnet.

Übung:
Versuchen Sie mal eine moralische Bilanz Ihres heutigen Tages in bezug auf folgende Gesichtspunkte:

1. **Gelungene oder gescheiterte Pflichterfüllung,**
2. **Lauterkeit oder Unlauterkeit der Handlungen,**
3. **eigene oder von den Verhältnissen bestimmte Taten.**

12. Tag: Lob der Ich-Erkenntnis

Der Kantianer *Johann Gottlieb Fichte* (1762-1814) sagte 1802: „Das Ich ist alles.“ Fichte schließt sein Werk: „Die Bestimmung des Menschen“ mit der Lobeshymne auf das Ich: „So lebe und so bin ich, und so bin ich unveränderlich, fest und vollendet für alle Ewigkeit, denn dieses Sein ist kein von außen angenommenes, es ist mein eigenes, einziges wahres Sein und Wesen.“ *(J. G. Fichte 1962, S. 192)* Dem widersprach 1844 *Max Stirner* (1806-1856): „Fichte spricht vom absoluten Ich. Ich aber spreche von Mir, dem vergänglichen Ich.“ *(M. Stirner 1979, S. 199)* Dem vergänglichen Ich ist Stirner auf der Spur, unter der Frage was denn dem Ich gehört. Dem Ich gehört, so Stirner, worüber es Macht hat. Worüber man keine Macht hat, das gehört nicht zum Ich. „Mein eigen bin Ich jederzeit und unter allen Umständen, wenn ich mich zu haben verstehe und nicht an andere wegwerfe.“ *(M. Stirner 1979, S. 173)*

Übung:
Beschreiben Sie den Besitz Ihres Ichs, den Sie nicht mit anderen teilen.

Richtig entwickelt sich die Ich-Analyse, wenn Sie die Eigenheiten Ihres Ichs, seine Freiheiten von allen Fesseln, außer der Selbsterhaltung enthüllen. „Suchet nicht die Freiheit ... in der Selbstverleugnung, sondern suchet Euch selbst, werdet Egoisten, werdet jeder von Euch ein allmächtiges Ich.“ *(M. Stirner 1979, S. 181)*

Übung:
Beschreiben Sie sich mal als extremen Egoisten, als sterblichen Einzigen, vielleicht kommen Sie mit dieser Beschreibung Ihrem Ich näher.

Der Egoist ist aber kein isolierter Einzelner. In der Gesellschaft strebt das Ich danach, sich „im Verein der Einzigen“ zu verwirklichen. „Als Einziger kannst Du Dich bloß im Verein behaupten, weil der Verein nicht Dich besitzt, sondern Du ihn besitzt oder Dir zu Nutzen machst.“ *(M. Stirner 1979, S. 349)*

Übung:
Beschreiben Sie einmal den „Verein“, in dem Sie als Einziger im Alltag leben.

13. Tag: Grenzen der Selbstanalyse

Arthur Schopenhauer (1788-1860) hat die Grenzen der Selbstanalyse herausgearbeitet, auf die schon Aristoteles und Kant hingewiesen haben. Schopenhauer stellte fest, daß Selbstverkennen, Selbstbetrug und Eigenliebe dazu führen, daß wir über die Motive unseres Tuns zumeist im Irrglauben sind, sie oft nicht einmal mutmaßen und erst später über sie im Spiegel unserer Taten belehrt werden.

Übung:
Schreiben Sie mal auf, wie stark Ihr Selbstverkennen, Ihr Selbstbetrug und Ihre Eigenliebe Ihre Selbsterkenntnis verzerren können oder auch verhindern. Fragen Sie vielleicht auch einen guten Freund oder eine Freundin, welche Grenzen Ihre Selbstanalyse haben könnte.

Schopenhauers Kritik geht aber noch weiter: „An uns selbst und unabhängig von den Objekten des Wollens und Erkennens können wir uns nicht bewußt werden." *(A. Schopenhauer 1977, Bd. I,2, S. 351)* Sobald wir in Ansehung unseres Wollens „in uns gehen, und uns, indem wir das Erkennen nach innen richten, einmal uns völlig besinnen wollen, so verlieren wir uns in eine bodenlose Leere – und wenn wir uns selbst ergreifen wollen, erhaschen wir mit Schaudern, nichts, als ein bestandloses Gespenst." *(A. Schopenhauer 1977, Bd. I,2, S. 351)* Den Anfang der Selbsterkenntnis kann der Mensch nur machen, wenn er erkennt, was er will, „was also für sein Glück das Wesentlichste ist, sodann was die zweite und dritte Stelle nach diesem in seinem Leben als Wert einnimmt, wie auch, daß er erkenne, welches im Ganzen sein Beruf, seine Rolle und sein Verhältnis zur Welt ist." *(A. Schopenhauer 1977, Bd. I,2, S. 451)*

Übung:
Legen Sie eine Liste der Interessen Ihres Willens an. Beschreiben Sie den höchsten Wert Ihres Willens. Beschreiben Sie dann, was Ihr eigentlicher Beruf, Ihre Rolle und Ihr Verhältnis zur Welt ist.

14. Tag: Selbstanalyse ist Täuschung

Friedrich Nietzsche (1844-1900) radikalisierte die Skepsis einer Möglichkeit der Selbsterkenntnis. „Wir sind uns unbekannt, wir Erkennenden, wir uns selbst: das hat seinen guten Grund. Wir haben nie nach uns gesucht – wie sollte es geschehen, daß wir eines Tages uns finden ... wir bleiben uns eben notwendig fremd, wir verstehen uns nicht, wir müssen uns verwechseln, für uns heißt der Satz in alle Ewigkeit: „Jeder ist sich selbst der Fernste“ – für uns sind wir keine Erkennenden.“ *(F. Nietzsche 1960, Bd. II, S. 763)*

Übung:
Für Nietzsche kann der Mensch sich nicht erkennen, weil er nicht will. Schreiben Sie mal die Gründe auf, warum Sie sich nicht erkennen wollen.

15. Tag: Selbstbiographie

Ohne die Paralyse, an der Nietzsche litt, hätte seine biographische Selbstanalyse „Ecce homo“ nicht in krassen Fehlurteilen geendet. Der Philosoph *Wilhelm Dilthey* (1833-1911) hat die Chance der Selbstbiographie als Mittel der Selbsterkenntnis viel optimistischer als Nietzsche eingeschätzt: „Die Selbstbiographie ist die höchste und am meisten instruktive Form, in welche uns das Verstehen des Lebens entgegentritt ... Die Selbstbiographie ist nur die zu schriftstellerischem Ausdruck gebrachte Selbstbesinnung des Menschen über seinen Lebenslauf.“ *(W. Dilthey 1974, S. 246 f.)* In der Selbstbiographie „faßt das Selbst seinen Lebenslauf so auf, daß es die menschlichen Substrate, geschichtlichen Beziehungen, in die es verwebt ist, sich zum Bewußtsein bringt.“ *(W. Dilthey 1974, S. 251)*

Übung:
Schreiben Sie einen kurzen Lebenslauf, der Ihr Leben in die geschichtlichen Beziehungen einordnet, in denen Ihr Leben verlief.

16. Tag: Sigmund Freuds Selbstanalyse

Mit *Sigmund Freud*'s (1856-1939) Selbstanalyse der Jahre 1895-98, deren Ergebnisse er in seinem Hauptwerk „Die Traumdeutung“ 1900 publizierte, erreicht die philosophische Selbsterkenntnis ihr wissenschaftliches Stadium. Freud setzt bei der Selbstanalyse bei der Erforschung des Unbewußten an. Er erkennt nämlich, daß das Ich keineswegs autonom, sondern vom Gewissen (dem Über-Ich) und den Trieben (dem Es) abhängig ist. Selbsterkenntnis soll nun dazu verhelfen: da, wo bisher Es ist, soll Ich werden.

Übung:
Listen Sie einmal auf, welche Kenntnisse Sie schon von Ihrem Über-Ich und von Ihrem Es haben.

Freud geht damit über eine Selbsterkenntnis des Bewußtseins aus sich selbst, das bisher die Philosophie bei der Selbsterkenntnis bestimmt hatte, hinaus. Zu den Quellen des Unbewußten gehören Träume, freie Assoziation, spontane Mitteilungen, Fehlleistungen, Phantasien, die auf andere Menschen projiziert werden können. „Unser Weg, das geschwächte Ich zu stärken, geht von der Erweiterung seiner Selbsterkenntnis aus. Wir wissen, das ist nicht alles, aber es ist der erste Schritt. Der Verlust solcher Kenntnis bedeutet für das Ich Einbuße an Macht und Einfluß, er ist das nächste greifbare Anzeichen dafür, daß es von den Anforderungen des Es und des Über-Ichs eingeengt und behindert ist.“ *(S. Freud 1972, Bd. XVII, S 103)*

Übung:
Schreiben Sie Ihren Namen und dann ganz schnell zehn Worte, die Ihnen zu Ihrem Namen einfallen. Schreiben Sie dann einen Kommentar zu den eingefallenen Worten. Schreiben Sie dann drei Ihrer Schlüsselträume auf und versuchen Sie sie dadurch zu deuten, daß Sie nach den gleichen Motiven in allen drei Träumen suchen.

17. Tag: C. G. Jungs „Nachtmeerfahrt“

Als der Schweizer Tiefenphilosoph *Carl Gustav Jung* (1875-1961) sich von seinem Lehrer Sigmund Freud trennte, geriet er in eine tiefe seelische Krise. Jungs Krise begann 1913 mit Weltuntergangsvisionen. Jung hatte Träume, in denen er sich selbst ermordete. Um mit diesen Einbrüchen des Unbewußten fertig zu werden, begann er alle Träume und Visionen aufzuschreiben. Er entwickelte dabei die Methode der aktiven Imagination. Diese Methode arbeitet folgendermaßen: Man schließt die Augen, entspannt sich und stellt sich eine Wiese vor. Dann läßt man seinen Phantasien freien Lauf. Bald werden sich Personen einstellen. Mit diesen Personen führt man lange Phantasiegespräche, die man dann aufschreiben kann. *(Vgl. C. G. Jung 1963, S. 184)* Aus den Personen, denen Jung in aktiver Imagination begegnete mit Namen wie Philemon oder Ka, entstand später Jungs Tiefenphilosophie der Archetypen. Durch seine Selbstanalyse überwand C.

G. Jung nach vier Jahren seine Krise. Über die Erfahrungen mit seiner vierjährigen „Nachtmeerfahrt“ handelt dann aber sein gesamtes Werk.

Übung:
Versuchen Sie einmal eine kleine aktive Imagination. Schließen Sie die Augen. Stellen Sie sich eine Wiese vor. Gehen Sie ein Stück auf dieser Wiese. Achten Sie auf eine Person, die Ihnen dort begegnet. Reden Sie kurz mit dieser Person. Nehmen Sie dann Ihre leichte Trance zurück. Schreiben Sie Ihre Begegnung auf, und geben Sie eine Deutung Ihrer Erlebnisse, bezogen auf Ihre gegenwärtige Lebenssituation.

18. Tag: Karl Jaspers Existenzerhellung

Karl Jaspers (1883-1969), der deutsche Begründer der Existenzphilosophie, hat in seinem Werk „Existenzerhellung“ eine moderne Methode der Selbstprüfung vorgestellt. „Erkenne Dich selbst, ist nicht Forderung, in einem Spiegel zu wissen, was ich bin, sondern auf mich zu wirken, daß ich werde, wer ich bin. Ich prüfe in der Selbstreflexion, von den Dingen der Welt mich zu mir zurückwendend, mein Tun, meine Motive und Gefühle, nach dem Maßstab, ob ich sie selbst bin und sein will.“ *(K. Jaspers 1956 Bd. II, S. 37)*

Übung:
Prüfen Sie schriftlich, ob Sie mit Ihrem Tun, Ihren Motiven und Ihren Gefühlen einverstanden sind.

Karl Jaspers bestimmt weiter: Die Selbstreflexion stößt auf zwei Grenzen. Sie stößt auf die Triebe: „Das undurchdringliche Dunkel der empirischen Gegebenheit des inkommunikablen triebhaften Eigenwillens, der jeweils kräftiger oder schwächer sein kann.“ *(K. Jaspers*

1956, S. 41) Daneben erkennt Selbstreflexion aber eine andere Dimension: „Die mögliche Existenz des Selbst, das im Medium der Verstehbarkeit sich zur Erscheinung kommt." *(K. Jaspers 1956, S. 41)* Selbstreflexion enthüllt nämlich, daß das Ich eine empirische Erscheinung in der Welt ist und zugleich etwas ist, das unbedingt und entschieden das sein will, was es für alle Ewigkeit sein kann. Selbstreflexion entdeckt die Unterscheidung des uneigentlichen alltäglichen Ichs vom eigentlichen existentiellen Ich. Selbstreflexion entdeckt auch, daß das eigentliche Existieren nur möglich ist, wenn sich das Ich auf das ganze Eine der Welt bezieht, das sich immer verbirgt. „Ich sehe Transzendenz und werde meines Seins gewiß, selbst wenn sie nicht zu mir spricht und ich im Trotz gegen sie stehe. Sehe ich sie nicht mehr, so fühle ich mich selbst versunken." *(K. Jaspers 1956, S. 49)*

Übung:

Beschreiben Sie, wie Sie in der Selbstreflexion Ihren dunklen triebhaften Willen und Ihre geistigen Existenzmöglichkeiten entdeckt haben.

Das Ich entdeckt die Existenz als Sprung aus der alltäglichen Daseinsweise. Zu diesem Sprung kommt es, wenn das Ich mit Tod, Leiden, Kampf oder Schuld konfrontiert wird. Tod, Leiden, Kampf oder Schuld sind für Jaspers Grenzsituationen. „Grenzsituationen erfahren und Existieren ist dasselbe. In der Hilflosigkeit des Daseins ist es der Aufschwung des Seins in mir." *(K. Jaspers 1956, S. 204)*

Übung:

Beschreiben Sie, wie Sie sich in der hilflosen Konfrontation mit Grenzsituationen geschenkt wurden.

19. Tag: Identifikation

Jedes Ich orientiert sich an Vorbildern. Der französische Philosoph *Michel de Montaigne* hatte sich Sokrates zum Vorbild genommen. *Albert Camus* (1913-1960) orientierte sich an Sisyphos, der die Aufgabe hatte, einen Stein immer wieder auf einen Berg zu rollen. *Martin Heidegger* sah in dem Dichter Friedrich Hölderlin sein größtes Vorbild. *James Joyce* liebte den griechischen Dichter Homer, den Autor der Odyssee. *Friedrich Nietzsche* sah sein Vorbild in dem Philosophen Arthur Schopenhauer.

Übung:
Denken Sie einmal nach, welches Lebensvorbild sich Ihr Ich gesetzt hat. Fertigen Sie ein schriftliches Portrait Ihres Vorbildes an und hängen Sie diesen Text an Ihrem Arbeitsplatz auf. Sie werden in den nächsten Tagen diesen Text dann häufiger lesen. Neue Gedanken, die bei Ihnen durch das Lesen dieses Textes angestoßen werden, können Sie dann im Text ergänzen.

20. Tag: Rituale benutzen

Die Philosophen forschten genau danach, in welcher Körperhaltung sie am besten denken konnten. Besonders vorteilhaft für das Denken erkannten sie folgende Körperhaltungen: gehen, liegen, stehen und knien. Die *Stoiker* philosophierten beim Gehen in einer Wandelhalle (der Stoa). *Nietzsche* kamen die besten Gedanken beim Wandern in Sils Maria in den Alpen. *Descartes* philosophierte am liebsten beim Liegen im Bett am Vormittag. *Sokrates* faßte wichtigste Gedanken, indem er stundenlang stillstand. Der dänische Existentialist *Sören Kierkegaard* philosophierte oft auf den Knien.

Übung:
Probieren Sie die verschiedenen Körperhaltungen einmal aus. Beschreiben Sie die Gedanken, die Ihnen heute beim Gehen, Liegen, Stehen oder Knien gekommen sind.

21. Tag: Regeln festlegen

Jedes Ich kommt im Alltag in schwierige moralische Zwickmühlen. Es fragt sich: „Wie kann ich mich verhalten? Was soll ich tun? Was soll ich lassen?" Der Philosoph *Immanuel Kant* hat für solche moralischen Herausforderungen eine plausible Regel entwickelt. Sie heißt: „Orientiere Dich in moralischen Zwickmühlen am kategorischen Imperativ." Der kategorische Imperativ lautet: „Handle so, daß Dein individuelles Handeln, wenn es von allen angewandt wird, allen den größten Nutzen bringt." Auch die Kinder kennen schon den kategorischen Imperativ. Sie sagen: „Was Du nicht willst, was man Dir tu, das füg auch keinem anderen zu."

Übung:
Schreiben Sie alle Regeln auf, die Ihr Ich im Leben befolgt und schon mit Erfolg benutzt hat.

22. Tag: Überwindung von Selbstaggression

Arthur Schopenhauer erkannte, daß das Leben für das Ich Leiden ist. Er war sich in diesem Urteil einig mit dem Buddhismus. *Albert Camus* sagt, daß das Leben absurd ist. *E. M. Cioran (1911-1996)* hielt das Leben selbst für ein Verbrechen. Er schrieb: „Der Urknall war ein Sabotageakt." Alle drei Philosophen lehnten aber eine ganz naheliegende Reaktion auf das Elend des Lebens, den Selbstmord, ab.

Übung:

Schreiben Sie Ihre Gründe für eine Ablehnung des Selbstmordes auf. Setzen Sie sich dann mit den Gründen der drei genannten Philosophen zur Ablehnung des Selbstmordes auseinander. Schreiben Sie eine Antwortthese auf folgende Thesen der drei Philosophen:

Arthur Schopenhauer:

> „Selbstmord ist unmöglich, weil der Lebenswille nicht zerstört werden, sondern nur durch Kunst, Meditation und das Erlebnis des Erhabenen beruhigt werden kann."

Albert Camus:

> „Die Überwindung des Selbstmordimpulses macht den Menschen erst zum Menschen."

E. M. Cioran:

> „Jeder Selbstmord ist überflüssig, er kommt zu spät. Er kann nicht rückgängig machen, daß wir am Elend des Lebens schon unser ganzes Leben mitgewirkt haben."

23. Tag: Kreativ werden

Friedrich Nietzsche erkannte, daß viele Menschen Kreativität vermeiden, weil sie sich vor ihrem Gewissen und vor gesellschaftlichen Kontrollen fürchten.

Übung:

Erkämpfen Sie sich eine Lizenz zur eigenen Kreativität, indem Sie ihrem Gewissen einen Namen geben. Führen Sie dann mit Ihrem Gewissen einen schriftlichen Dialog über die Bedingungen, die Sie erfüllen müssen, wenn Sie kreativ werden wollen. Zielen Sie bei dem Dialog mit Ihrem Gewissen auf einen, für Ihre Kreativität günstigen Kompromiß mit Ihrem Gewissen ab.

24. Tag: Die Machtfrage stellen

Der stoische Philosophen-Sklave *Epiktet* (um 55-135 n.Chr.) aus dem antiken Rom forderte: „Stelle vor jeder Deiner Handlungen die Machtfrage. Unterscheide: Steht das, was Du tun willst, in Deiner Macht oder nicht? In unserer Macht steht alles, was wir selbst in Gang setzen oder zu verantworten haben. Nicht in unserer Macht steht: unser Körper, unser Besitz, unser gesellschaftliches Ansehen, unsere Stellung - kurz: alles was wir nicht in Gang setzen oder zu verantworten haben.“ *(Epiktet 1991, S. 24)*

Übung:

Analysieren Sie heute die Reichweite Ihrer Macht. Legen Sie zwei Spalten an.
Spalte 1: Was in meiner Macht steht!
Spalte 2: Was nicht in meiner Macht steht!
Zeichnen Sie dann die beiden Bereiche Ihrer Lebenswelt. Wie weit reicht Ihre Macht und wo fängt die Macht der Gesellschaft und der anderen Menschen an?

25. Tag: Übung der Gleichgültigkeit

Alles was geschehen wird, steht nicht in der Macht Deines Ichs. Es ist gleichgültig. Es hat keine Bedeutung für Dein Ich. Aber Du hast die Chance aus allem, was passiert, das Beste zu machen. Daran kann Dich keiner hindern. Niemand. Das ist die Burg, aus der Dein Ich nicht vertrieben werden kann.

Übung:

Überprüfen Sie die bisherige Fähigkeit Ihres Ichs zur Gleichgültigkeit. Schreiben Sie auf, über welche Dinge Sie sich in der letzten Woche besonders aufgeregt haben.

26. Tag: Das große Entweder-Oder

Nach *Epiktet* muß Du Dich jeden Tag entscheiden. Arbeitest Du für Deine Seele oder für äußere Dinge?

Übung:
Schreiben Sie am heutigen Abend eine Bilanz. Was habe ich heute für mich getan? Was habe ich für die äußeren Dinge getan?

Das wichtigste Ziel praktischer Philosophie ist die Unterstützung des Ichs bei seiner Selbstbeherrschung. Für die Selbstbeherrschung hat die Philosophie viele Methoden entwickelt, die wir in den nächsten Tagen üben wollen.

27. Tag: Kants Rat

Die Selbstbeherrschung beginnt für *Immanuel Kant* mit dem Selbstdenken. Selbstdenken heißt, den letzten Maßstab für das richtige Handeln in seiner eigenen Vernunft zu suchen. Die eigene Vernunft hat mit dem kategorischen Imperativ einen absoluten Maßstab für den richtigen Umgang mit den Leidenschaften. Jeder Leidenschaft soll die Vernunft, nach Prüfung mittels des kategorischen Imperativs soweit entgegenkommen, wie sie das Ich nicht von dem Ziel abhält, sein Handeln am Gesetz der Vernunft zu orientieren. Über Selbstbeherrschung verfügt das Ich, das den Umgang des Ichs mit den Leidenschaften einem allgemeinen Gesetz unterwirft.

Übung:
Beschreiben Sie die inneren Kämpfe Ihres Ichs mit einer Leidenschaft, die sich gegen alle Vernunft und gegen allgemeine Sittengesetze durchsetzen will.

28. Tag: Dem Bösen nicht widerstehen

Für den Philosophen *Max Scheler* (1874-1928) ist ein direkter Kampf des Ichs mit seiner Vernunft gegen die Leidenschaften hoffnungslos. Die Leidenschaften sind immer stärker als der Geist, weil sie aus einer tieferen Schicht des Lebens stammen. Die Leidenschaften sind nur durch höherwertige Leidenschaften zu besiegen: „Die Vernunft darf die Leidenschaft nicht direkt angreifen, sondern muß sie indirekt überwinden lernen durch Einsatz der Energie der Leidenschaften für wertvolle Aufgaben, die sein Gewissen als gut und trefflich erkennen. In der Lehre vom Nichtwiderstand gegen das Böse schlummert ... eine große Wahrheit." *(M. Scheler 1949, S. 69)*

Übung:
Beschreiben Sie die Versuche Ihres Ichs, Ihre Leidenschaften zu sublimieren, d.h. auf höhere soziale Ziele zu richten als die unmittelbar intendierten, die meist wenig sozial sind.

29. Tag: Methoden zum Ausweinen

Der moderne Atheist *E. M. Cioran* hält viel vom Ausweinen. Über das immer mißlingende Leben, über die Menschheit läßt sich nur weinen. „Tränen sind das erste und letzte Kapitel einer Lehre vom Menschen." *(E. M. Cioran 1994, S. 131)* Wenn man die Welt nüchtern betrachtet, verwandelt sie sich in ein Meer von Tränen. „Tränenwogen schäumen in uns auf, und wir werden selbst zu einem Meer von Tränen." *(E. M. Cioran 1994, S. 79)*

Übung:
Verwandeln Sie sich und die Welt in ein Bild von Tränen. Denken Sie dann an Ciorans Weisung: „Nachdem wir uns an allen Düsternissen berauscht ... umschlingt uns nicht Verklärung in einer absoluten und endgültigen Lichtwolke?“ (*E. M. Cioran 1994, S. 65*)

Übung:
Beschreiben Sie nach den Tränenmeeren die am Horizont auftauchende Lichtwolke.

Die praktische Philosophie erkannte früh die Bedeutung des Unbewußten für die Selbstprüfung. Sie sah, daß das Ich nicht immer Herr oder Frau im eigenen Hause ist. Sie begriff, daß Kreativität und Spontaneität, aber auch Fehlhandlungen, Phantasien und Ängste vom Unbewußten gespeist werden. Deshalb entwickelte die praktische Philosophie Methoden der Selbsterforschung des Unbewußten durch das Ich. Diese Methoden der Selbstprüfung werden im folgenden als Tagebuchübungen vorgestellt.

30. Tag: Freier Einfall

Karl Jaspers pflegte den freien Einfall. Er achtete stets auf spontane Einfälle aus dem Unbewußten, um Antworten auf seine philosophischen Fragen zu erhalten. Diese Fragen lauteten:
„Woraus lebe ich?
Was ist eigentlich?
Wodurch bin ich?
Was ist mir unbedingt?
In welchem Entschluß gründe ich?“
Karl Jaspers beschreibt den freien Einfall mit folgenden Worten: „Meine Arbeiten sind durchweg entstan-

den aus einer Menge Notizen, die gesammelt wurden. Sie wurden eines Tages unter einen ordnenden Gesichtspunkt gebracht, ausgeschieden und im Zusammenhang produziert unter Ausfüllung der Lücken." *(K. Jaspers: Philosophische Autobiographie. In: K. Jaspers 1958, S. 399)*

Übung:
Schreiben Sie am heutigen Tag Ihre Einfälle auf. Finden Sie am Abend eine ordnende Überschrift. Füllen Sie dann die Textlücken auf, indem Sie aus den Einfällen einen geordneten Text verfassen.

31. Tag: Aktive Imagination

Der Tiefenphilosoph *Carl Gustav Jung* entdeckte die Methode der aktiven Imagination. Er setzte sich ruhig hin, schloß die Augen und ließ sich spontan Einfälle seines inneren Vorstellungsvermögens einfach ablaufen. Dann schrieb er die Phantasien auf: „Ich schrieb die Phantasien auf, so oft ich konnte und gab mir Mühe, auch den psychischen Voraussetzungen, unter den sie aufgetaucht waren, Ausdruck zu verleihen." *(C. G. Jung 1962, S. 181)*

Übung:
Schließen Sie die Augen. Stellen Sie sich vor, wie Sie einen hohen Berg besteigen. Wenn Sie den Gipfel erreichen, sehen Sie sich in aller Ruhe um, und betrachten Sie die Umgebung. Begeben Sie sich dann zum Ausgangspunkt Ihrer Exkursion zurück. Schreiben Sie nun Ihre Erfahrungen auf dem Berggipfel auf und stellen Sie Vermutungen über die psychischen Ursachen der Eindrücke auf, die Sie auf dem Berggipfel erlebt haben.

Kapitel 5
Übungen zur Bewältigung von Grenzsituationen: Tod, Leiden, Kampf, Schuld

„Ich schrieb in mein Tagebuch eine Reihe von Maximen,
die ich mich oft zu lesen verpflichtete.
Ich überschrieb sie ‚Lebensregeln'. Ihre Zahl ist 28."
(August Graf v. Platen, 1796-1835)

Das Leben des Ichs besteht aus einer Folge von Situationen, die sich im Lebenslauf gliedern. Die Situationen im Lebenslauf gliedern sich nach Kindheit, Jugend, Erwachsenenleben und Alter. Sie werden Tag für Tag bewältigt. Oft treten aber auch überraschende Situationen auf, die das Dunkel des gelebten Augenblicks unterbrechen. Das sind Krisensituationen und Übergangssituationen, schließlich Grenzsituationen. Grenzsituationen stellen das Ich vor die äußerste Herausforderung. Sie stellen es vor Wände, die kein Durchkommen zu erlauben scheinen. Die Grenzsituationen zeigen, daß das Ich nicht bei sich selbst bleiben kann, sondern sich in größeren Zusammenhängen erfahren und begründen muß. Die philosophischen Tagebücher thematisieren oft Grenzsituationen. Sie berichten dann über leidvolle Stunden, böse Erfahrungen und schmerzliche Enttäuschungen. So schreibt *Benjamin Constant (1767-1830)*: „Ich befand mich gestern in einem Zustand absurder Melancholie." *Blaise Pascal* (1623-1662) notiert: „Das bloße Ich ist hassenswert." *Franz Xaver Kraus* (1840-1901) beginnt sein Tagebuch, um „Schwermut und Schmerz diesen Blättern anzuvertrauen." *(F. X. Kraus: Tagebücher. Köln 1957, S. 6)* Die Tagebuchschreiber schildern aber auch das Durchbrechen der Wände der Grenzsituationen, z.B. im Schildern der Leistungen der Vernunft. „So Seneca, Marc Aurel, Petrarca, Pascal, Novalis, Goethe, Kierkegaard und so viele andere Diaristen." *(G. R. Hocke 1978, S. 306)* Andere philosophische Tagebücher „schildern die natürlichen Paradiese oft kurzer, manchmal nur minutenlanger Seligkeit am Meer, im Gebirge, an einem Fluß, am Rande eines Waldes oder auch in einem kleinen Garten." *(G. R. Hocke 1978, S. 317)* So berichtet auch *Hermann Hesse* (1877-1962) von dem Flug eines Schmetterlings, der ihm in seinem Garten kurz vor seinem Tode wie ein Bote aus einer besseren Welt erschien: „langsam ... schloß und öffnete der Schöne seine Sammetflügel ... und entschwebte nach einer kurzen Weile ... in die große heilige Helligkeit hinaus." *(H. Hesse: Betrachtungen und Briefe. Frankfurt 1957, S. 945)* Allerdings kann der Mensch sich auf solche ambivalenten Grenzsituationen schon in alltäglichen Situationen vorbereiten. Die philosophischen Vorbereitungsmöglichkeiten auf solche Situationen werden im folgenden Kapitel vorgestellt.

32. Tag: Grunderfahrungen

Da der Mensch niemals wissen kann, wann er auf Grenzsituationen trifft, auf die Situation des Todes, des Leides, des Kampfes und der Schuld besteht eine Grundübung der Vorbereitung auf Grenzsituationen darin, die eigenen Lebensgrundsätze, den Kern der eigenen Lebensphilosophie, häufig in Selbstgesprächen, aber auch in kleinen Texten im Tagebuch aufzuschreiben, auszubauen und zu vertiefen. In Selbstgesprächen sind am Morgen oder am Abend die Lebensgrundsätze häufig zu wiederholen. In Grenzsituationen selbst kann das häufige Wiederholen der Lebensgrundsätze eine leichte Trance erzeugen, die die Bewältigung der Grenzsituation, das Überstehen, erleichtert.

Übung:
Schreiben Sie auf, welche Erfahrungen Ihr Ich bisher mit Grenzsituationen gehabt hat.

5.1 Tod

Gegen die Grenzsituation Tod kann das Ich verschiedene Haltungen entwickeln. Für das Einüben dieser

Haltungen, aus denen sich dann eine eigene Haltung entwickeln kann, gibt es folgende philosophische Methoden:

33. Tag: Tod des Sokrates

Sokrates (um 470-399 v.Chr.) sagte im Gefängnis, als der Henker mit dem Giftbecher kam, um ihn zu töten: „Über den Tod ist kein Urteil möglich. Ich weiß nicht, ob er gut oder schlecht ist."

Übung:
Versuchen Sie mal, den Tod als etwas Gutes und dann als etwas Schlechtes zu definieren.

34. Tag: Skeptische Balance

Die *skeptische Philosophie* hält Urteile über den Tod für nicht möglich. Die menschliche Erkenntnisfähigkeit reicht für ein sicheres Urteil über den Tod nicht aus. Das wird von der skeptischen Philosophie mit folgenden Argumenten vorgetragen:
Die Todesvorstellungen ändern sich: „Ein junger Mensch denkt anders über den Tod als ein alter."
Die Todesempfindungen schwanken: „Ein Optimist urteilt anders über den Tod als ein Pessimist."
Der Tod verändert sich von Kultur zu Kultur: „Die Majas erhofften sich vom Tod eine schnellere und bessere Wiedergeburt, das christliche Mittelalter ängstigte sich vor dem Tod wegen des nachfolgenden Jüngsten Gerichtes."

Übung:
Schreiben Sie auf, wie sich Ihre Todesvorstellungen im Laufe Ihres Lebens geändert haben.

35. Tag: Die Wand

Der Philosoph *Ludwig Wittgenstein* (1889-1951) meinte: „Was man sagen kann, kann man klar und deutlich sagen. Was nicht klar und deutlich auszusprechen ist, darüber muß man schweigen." *(L. Wittgenstein 1962, S. 128)* Der Tod erschien ihm deshalb unsagbar. Der Tod war für Wittgenstein kein Teil des Lebens. Er erschien Wittgenstein als eine Wand, an der alle Gedanken abprallen.

Übung:
Schreiben Sie alle Todesbilder auf, die Sie kennen. Beschreiben Sie dann die Todesbilder genauer, die einen Spalt in der Wand öffnen könnten.

36. Tag: Immer an den Tod denken

Der stoische Philosoph *Lucius Annaeus Seneca* (4 v.Chr.-65 n.Chr.), der zur Zeit des Kaisers Nero lebte, dessen Erzieher war und von ihm schließlich ermordet wurde, gab den Rat: „Man muß dem Gedanken an den Tod die Panik nehmen. Das geschieht, wenn man häufig an den Tod denkt."

Übung:
Denken Sie dreimal hintereinander an den Tod. Schreiben Sie jeweils Ihre Gedanken bei diesem Vorlauf zum Tod auf. Vergleichen Sie Ihre Gedanken. Stellen Sie fest, ob beim dritten Andenken an den Tod sich die emotionellen Aspekte Ihres Todesdenkens abgeschwächt haben.

37. Tag: Den Tod einfach ignorieren

„Wenn wir leben, ist der Tod nicht, und wenn wir tot sind, leben wir nicht. Der Tod geht uns doch gar nichts an“, stellte der griechische Philosoph *Epikur* (341-271 v.Chr.) fest. Der französische Philosoph *Michel de Montaigne* vollzog eine philosophische Selbstanalyse, die neun Jahre dauerte. Im Zentrum dieser Selbstanalyse, über die er in seinen Essays berichtete, stand die Auseinandersetzung mit der Todesangst. Montaigne kam zu dem Ergebnis: „Das Nicht-Sein vor unserer Geburt ist doch nicht schlimmer als das nach unserem Tode. Das Erste ist uns egal, das Zweite aber fürchten wir. Das ist nicht sinnvoll, denn der Tod ist doch nur der letzte Augenblick des Lebens. Wenn dieser Augenblick vergangen ist, ist auch der Tod tot.“ *(M. de Montaigne 1953, S. 753)*

Übung:
Begründen Sie, warum Epikur Recht haben könnte und der Tod uns gar nichts angeht. Nehmen Sie dann Stellung zum Forschungsergebnis von Michel de Montaigne. Beantworten Sie folgende Fragen: „Warum fürchten wir das Nichts nach unserem Tode, aber nicht das Nichts vor unserer Geburt?“

38. Tag: Die Negativität des Todes aufheben

Allgemein gilt dem Ich Sterben und Tod als ganz schlimm. Dagegen setzte schon die *antike Philosophie* die These: „Nicht geboren zu sein, das ist das Beste, das Zweitbeste ist es, früh zu sterben.“ Der *Buddhismus* sieht in dem Leben nur Leiden, ebenso der Philosoph *Arthur Schopenhauer*. Die romantische Philosophie des *Novalis* (1772-1801) erkennt in der

Nacht des Todes die endgültige Befreiung zur Ewigkeit. „Leben ist der Anfang des Todes. Das Leben ist um des Todes willen. Der Tod ist Endigung und Anfang zugleich.“ *(Novalis 1957, Bd. 2, S. 333)* Vielleicht ist ja das Leben viel schlimmer als der Tod, wie der römische Epikureer *Lukrez* (um. 96-55 v.Chr.) feststellte. *Friedrich Nietzsche* sah den Tag des Todes als Festtag an. Der Todestag ist der Geburtstag der ewigen Wiederkehr.

Übung:
Versuchen Sie alle Argumente zu sammeln, die die Negativität des Todes aufheben. Schreiben Sie einen Text, in dem jeder Satz mit den Worten beginnt: „Der Tod ist nur ...“

39. Tag: Die Positivität des Lebens steigern

Jedes Ich hängt am Leben, als wenn das physische Existieren alles wäre. Doch schon lange gibt es Versuche der Philosophie und der Naturwissenschaft das Leben zu steigern. Der Philosoph *René Descartes* experimentierte mit Methoden der Verlängerung des Lebens. Er wurde dann aber mit 54 Jahren am Hof der Schwedischen Königin Christine vergiftet. Auch in der Tragödie verliert der Tod seinen Stachel. Für den Helden und die Heldin bietet das Leben die Chance, durch einen tragischen Tod den Tod zu besiegen und das Leben zu verklären. Der Philosoph *Ludwig Feuerbach* (1804-1872) erkannte, daß im Tod der Tod getötet wird. *Friedrich Nietzsche* lobte die Menschen, die an den Tod nicht denken wollen. Für Nietzsche haben diese Menschen erkannt, daß der Tod gegenüber dem Leben völlig wertlos ist.

Übung:
Versuchen Sie alle Argumente zu sammeln, die den Wert des Lebens steigern. Schreiben Sie einen Text, der das Leben lobt und feiert. Beginnen Sie jeden Satz dieses Textes der Lebensfeier mit den Worten: „Das Leben ist ...“

40. Tag: Zum Tod vorlaufen

Martin Heidegger (1889-1976), der Philosoph aus dem Schwarzwald, von dessen Hütte in Todtnau, man bei schönem Wetter die Alpen sehen kann, hielt viel vom stoischen Vorlaufen zum Tod. Das in die Zukunft vorauseilende Vorstellen, daß man selbst sterben muß und tot sein wird, vermittelt nach Heidegger die Erfahrung der Freiheit. „Der Mensch erkennt angesichts der Vorstellung seines Todes, daß er im Leben noch jede Entscheidung offen hat.“ *(M. Heidegger 1962)* Der Vorlauf zum Tode enthüllt, was der Einzelne wirklich ist und was er noch werden muß, damit er sich selbst nicht verfehlt.

Übung:
Stellen Sie eine Liste der Dinge zusammen, die Sie vor Ihrem Tod unbedingt noch tun müssen, damit Ihr Ich sich noch selbst verwirklichen kann.

41. Tag: Rücklauf vor die Geburt

E. M. Cioran verlor aus Verzweiflung über das Leben mit 20 Jahren die Fähigkeit schlafen zu können. In den tausenden Nächten der Schlaflosigkeit entdeckte er das platonische Heilmittel gegen den Tod wieder: den Rücklauf vor die Geburt. „Wenn man sich vorstellt, wie es war, als man noch nicht geboren war, erkennt man eine Ewigkeit des Seins ohne jedes Leid.“

(E. M. Cioran 1994) Man sieht nun, daß das Geborenwerden ein entscheidender Nachteil ist, weil man alle Seligkeit des Nicht-Seins verliert. Ist man aber vom Nachteil geboren zu sein belastet, so sollte man den eigenen Ort vor der Geburt erkunden, um auf den Geschmack zu kommen, wie es ist, außerhalb des Universums selig ruhen zu können.

Übung:
Stellen Sie sich vor, wie Sie außerhalb des Universums selig ruhen. Beschreiben Sie den „Ort Ihres metaphysischen Exils, aus dem Sie das Leben vertrieben hat."

42. Tag: Das Sein kennt keinen Tod

Der griechische Philosoph *Parmenides* (um 540–nach 480 v.Chr.) erkannte in Tiefentrance: „Das Sein ist und das Nichts ist nicht." *(W. Nestle 1968)* Im Sein ist für den Vorsokratiker Parmenides gar kein Platz für den Tod, denn das Sein ist überall vollkommen. Es hat kein Zentrum und keine Grenzen. Es erfüllt alles mit einer unendlichen Kraft zu sein.

Übung:
Wenn Sie die Augen schließen und sich ein Licht vorstellen, das immer heller, größer, tiefer und strahlender wird, dann erfahren Sie einen kleinen Abglanz vom todlosen Sein. Vollziehen Sie nun diese Vorstellung und beschreiben Sie dann Ihre Erfahrung.

43. Tag: Die Seele ist unsterblich

Schon die *Schamanen* der Naturvölker konnten in Trance sich vom Körper trennen und ins Jenseits reisen. Viele Träume zeigen, daß, wenn der Körper schläft, der Mensch in der Traumwelt intensive Erfahrungen machen kann, die den Lebenserfahrungen nicht nachstehen. Die Seele scheint sich vom Körper trennen zu können. *Platon* (427-347 v.Chr.), der Schüler von Sokrates, betrachtete den Tod als Trennung der Seele vom Körper. Er entwickelte fünf Beweise, daß die Seele den körperlichen Tod überlebt und unsterblich ist. Diese Beweise lauten:

1. Die Seele verfügt, besitzt und benutzt ideale Begriffe, die nicht aus der sinnlichen Erfahrung stammen und daher vom Untergang der sinnlichen Erfahrung auch nicht berührt werden können.
2. Die Seele beherrscht den Körper und zeigt damit, daß sie ein dem Körper überlegenes Sein hat.
3. Das ideale Wesen der Dinge ist einfach, unteilbar, unsichtbar und ewig. Auch die Seele ist einfach, unteilbar, unsichtbar und deshalb ewig.
4. Wenn die Seele vom Tod erfährt, beginnt sie zu philosophieren. Sie bewegt sich im Denken der Ideen aus der Vergänglichkeit in die Ewigkeit. Damit zeigt sie, daß sie niemals aufhört, sich dem Tod zu unterwerfen.
5. Da die Seele die Ideen niemals aus empirischer Erfahrung bilden kann, muß sie sie vor aller empirischer Erfahrung schon gewußt haben, d.h. die Seele muß die Ideen schon vor ihrer Geburt gekannt haben. Alle ideale Erkenntnis ist also Rückerinnerung an die Ideen vor der Geburt. Alles Philosophieren ist zu sterben lernen, nämlich Überwindung der empirischen endlichen und zufälligen Erkenntnis und Rückkehr an die ewige Erkenntnis vor dem Leben. *(Platon 1962)*

Übung:

Viele Philosophen haben versucht, die Beweise für die Unsterblichkeit der Seele zu erweitern. Machen Sie auch einmal einen

Versuch. Vollenden Sie den Satz: „Die Seele ist unsterblich, weil ...“

44. Tag: Moralische Unsterblichkeit

Immanuel Kant läßt nur noch zwei Gründe für die Annahme einer Unsterblichkeit der Seele gelten: „Das moralische Gesetz in mir und der bestirnte Himmel über mir.“ *(I. Kant 1982, Bd. IV, S. 300)* Die erste Annahme bedeutet: Indem der Einzelne in allen Handlungen so zu handeln versucht, daß seine Handlungen einer allgemeinen Moral entsprechen, erwirbt er nach Kant einen Anspruch, seine moralische Weiterentwicklung in alle Ewigkeit, ohne Unterbrechung durch den Tod, fortsetzen zu können. Nur wenn die Entwicklung des moralischen Ichs nach dem Tod weitergeht, kann es den Lohn für seine Moralität erhalten, denn in unserer Welt zahlt sich Moralität kaum aus.

Die zweite Annahme Kants heißt: Der Blick in den bestirnten Himmel bei Nacht vermittelt einen das Ich überwältigenden Eindruck, der im Ich die Idee eines göttlichen Weltbaumeisters auslösen kann. Die Übereinstimmung des unendlichen Strebens nach innerer Moralität mit der Vollkommenheit des unendlichen Kosmos nährt für Kant die Idee einer moralischen Unsterblichkeit des Individuums.

Übung:

Beschreiben Sie, welche Gefühle und Ideen Ihr Einblick in Ihre Moralität und Ihr Ausblick in den unendlichen Kosmos bei Ihnen erweckt. Beginnen Sie Ihren nun folgenden Text mit den Worten: „Mein Kampf um Moralität bedeutet für mich ...“ Schreiben Sie dann einen kleinen Text, der mit folgendem Satz beginnt: „Der

nächtliche Anblick des unendlichen Sternenmeeres bedeutet für mich ..."

45. Tag: Das Absolute überlebt auf jeden Fall

Die Philosophen *Georg Wilhelm Friedrich Hegel* (1770-1831) und *Arthur Schopenhauer* (1788-1860) sahen im Tod den Sieg der Gattung über das Individuum. Das Individuum wird im Tod notwendig völlig vernichtet. Bei Hegel wird das Nichts des Todes zum Motor der Geschichte, die aber letztlich mit dem Sieg des Seins endet. An diesem Sieg kann das philosophierende Ich als Mitwisser des Weltgeistes teilhaben, ohne aber beim Endsieg dabei zu sein. Das Grundgesetz der Entwicklung der Geschichte geschieht nach Hegel dialektisch. Aus dem Sein entspringt das Nichts, aus dem Versuch der Negation des Seins durch das Nichts ergibt sich das Werden der Geschichte.

Übung:

Beschreiben Sie die Geschichte des 20. Jahrhunderts als Bewegung von These, Antithese und Synthese. Betrachten Sie also den Geschichtsverlauf dialektisch. Beschreiben Sie Ihre Gefühle, die Ihnen Ihr begrifflicher Einblick in die dialektischen Gesetze des geschichtlichen Werdens im 20. Jahrhundert vermittelt.

Bei *Schopenhauer* zerstört der Tod nur das, was nicht sein soll, das Ich. Der Tod ist für Schopenhauer die große Chance für jeden, sein Ich endlich loszuwerden. „Wohl dem, der diese Chance nützt." *(A. Schopenhauer 1958, S. 219)* Der Tod befreit das Ich vom leidvollen Leben. Bei diesem Befreiungsakt ist Todesangst völlig überflüssig. Denn da das Ich aus individueller Vorstellungskraft und kollektivem Willen besteht, kann zwar der Tod die Vorstellungskraft löschen, aber nicht verhindern, daß der kollektive Wille des Ichs an den unzerstörbaren Ur-Willen der Welt zurückfällt.

Übung:
Beschreiben Sie Ihren inneren Streit von individuellen Vorstellungen und kollektivem Willen am Beispiel Ihrer Sexualität. Stellen Sie fest, ob nicht bei jeder Zeugung eines Kindes der Gattungswille der Arterhaltung den individuellen Willen an Fortdauer in der nächsten Generation klar überwiegt. Überlegen Sie einmal, ob das Gefühl des Orgasmus nicht darin besteht, daß für einen Augenblick das Ich schon ausgelöscht ist.

46. Tag: Ekstasen der Unsterblichkeit

Der Volksmund sagt: „Wer stirbt, bevor er stirbt, stirbt nicht, wenn er stirbt." Viele Philosophen haben diese Weisheit konkretisiert. Wer im Leben eine „Gipfelerfahrung" macht, in der er sich als Teil des unendlichen Alls erfährt und aufgehoben fühlt, ohne sich als zerstört zu erleben, für den verliert der Tod alle Schrekken. „Gipfelerfahrungen" heben den Einzelnen aus dem sterblichen Alltag heraus und versetzen ihn für Augenblicke in das Gefühl der Unsterblichkeit. Für diese Erfahrung ist *Giordano Bruno* (1548-1600) 1600 in Rom lächelnd auf den Scheiterhaufen gestiegen. *Baruch de Spinoza* (1632-1677) hat gesagt, daß die intuitive Einsicht in die Unendlichkeit der einen Substanz, aus der der ganze Kosmos besteht, jedes Interesse am Tod auslöscht. *(B. de Spinoza 1982, S. 325)*

Übung:
Mustern Sie Ihr Leben. Haben Sie eine solche „Gipfelerfahrung", in der das Interesse am Tod erlosch, schon gemacht? Beschreiben Sie eine solche Erfahrung, in der Sie sich mit dem All eins fühlten.

5.2 Leiden

Das Leiden als passive Hinnahme von Übeln erscheint in vielen Gestalten: körperliche Schmerzen, Krankheiten, Scheitern aller Anstrengungen, Angst vor Geisteskrankheit, vorm Altern, der Hunger, Verfolgung, Unterdrückung und Ausbeutung durch andere. Leiden ist Einschränkung des Daseins, Teilvernichtung, „hinter allem Leiden steht der Tod." *(K. Jaspers 1956, Bd. 2, S. 230)* Das Leiden ist eine Grenzsituation des Ichs, die sich aus der natürlichen Begrenzung und aus der gesellschaftlichen Abhängigkeit des Ichs ergibt. Natürlichen und gesellschaftlichen Abhängigkeiten kann das Ich nicht entgehen. Es kann sie in gewissem Umfange nur verschieben. Leben wird für das Ich immer zum Leiden. In der Antike verstand man das Leiden als Folge der Überschreitung der vernunft- und naturgemäßen Lebensführung. Im Mittelalter wurde das Leiden zum pädagogischen Mittel Gottes. Dem Leiden geht eine Sünde voraus und das Leiden war dann das folgende göttliche Strafgericht. Gott nutzt das Leiden, um den Menschen zu bessern und auf die Probe zu stellen.

47. Tag: Die Leiden

Übung:
Listen Sie Ihre Leiden auf, stellen Sie fest, ob Sie diese Leiden als Strafe für begangene Sünden betrachten.

Im 19. und 20. Jahrhundert konzentrierten sich viele Philosophen auf die Vorbereitung des Ichs, auf das Ertragen und die Bewältigung des Leidens. Sehen wir uns nun einige dieser Methoden der Leidensbewältigung an.

48. Tag: Die Aphorismen zur Lebensweisheit (I. Teil)

Besonders populär wurden die Lebensregeln zur Bewältigung des Leidens, die *Arthur Schopenhauer* in seinen „Aphorismen zur Lebensweisheit" *(Zürich 1977, S 441-508)* aufgestellt hat. Diese Regeln lauten:

- Der Vernünftige orientiert sein Leben, um Leid zu mildern, auf Schmerzlosigkeit und nicht auf Lust.
- Das Glück läßt sich nicht planen. Jede Glücksplanung wird das Glück verfehlen.
- Nur die Gegenwart ist real. Die Vergangenheit und Zukunft liegt für das Ich immer im dunkeln.
- Alle Beschränkungen des Ichs beglückt dieses letztendlich.
- Man sollte sich selbst genug sein.
- Man vergleiche sich nie mit anderen.
- Die Phantasie produziert oft unnötige Ängste. Sie ist deshalb immer kritisch zu prüfen.
- Jeder Besitz sollte als möglicher Verlust betrachtet werden.
- Eine Hauptregel des Lebens des Ichs heißt: Entsagen und Ertragen.
- Das geistige Leben sollte sich ständig neue Aufgaben stellen, um der Langeweile zu entgehen.
- Das Denken sollte sich auf Begriffe, nicht auf Phantasien ausrichten.
- Die Gesundheit ist der höchste Wert. Sie ist mit den Mitteln der Askese zu erhalten.
- Jedes andere Ich ist vom Ich zu akzeptieren. Die Hauptmaxime für das Ich heißt: Leben und Leben lassen.
- Alle Ichs sind pure Egoisten, die von materiellen, nicht von ideellen Bedürfnissen motiviert werden.

- Jedes Ich bedarf zur Bewältigung des Elends seines Lebens Begriffe und Lehrsätze, die nur durch ständige Übung zum festen Besitz werden.
- Man lasse allen anderen Menschen ihre Meinung. Wer andere in wichtigen Dingen belehren will, kommt kaum mit heiler Haut davon.
- Die Hälfte aller Leiden lassen sich mildern, wenn man weder liebt noch haßt, noch etwas sagt und letztendlich nichts glaubt.

Übung:
Geben Sie für jede der 17 Regeln ein Beispiel aus Ihrem Leben, das diese Regel bestätigt oder widerlegt.

49. Tag: Aphorismen zur Lebensweisheit (II. Teil)

Um das Leid zu mildern, das aus der allgemeinen Weltgeschichte und der individuellen Entwicklung des Ichs resultiert, stellt *Schopenhauer* folgende Regeln auf: *(A. Schopenhauer 1977, S. 508-518)*

- Die Formen des menschlichen Lebens und sein Elend sind immer und überall gleich.
- Der Lebenslauf ist nicht das eigene Werk, sondern ein Reagieren auf soziale Umstände. Dabei wird unser Reagieren von einer unbewußten Lebensphilosophie angeleitet, die uns ohne unser Wissen zu unserem Glück oder zu unserem Leid verurteilt.
- Bei dem ständigen Wandel der Dinge ist es heilsam, bei allem, was passiert, sich sofort das Gegenteil vorzustellen.
- Das jederzeit eintretende Elend sollte man mit allen Mitteln abwehren und sich dabei schlau wie ein Fuchs verhalten.

- Überhaupt sollte man sich häufig vor Augen stellen, welch ein trauriges und jämmerliches Los das menschliche Dasein überhaupt ist.
- Kleine Mißhelligkeiten, die täglich auf einen einstürzen, sollte man einfach übersehen.

Übung:
Machen Sie sich die Regeln Ihrer unbewußten Lebensphilosophie bewußt. Schreiben Sie zu diesem Zweck schnell alle Lebensregeln Ihrer Eltern auf. Vergleichen Sie dann diese Regeln mit denen von Schopenhauer und mit denen, denen Sie selbst zustimmen.

50. Tag: Die Abschaffung des Leidens verhindern

Die meisten Menschen wollen das Leiden abschaffen. *Nietzsche* (1844-1900) will „das Leiden noch höher und schlimmer haben.“ Warum? „Die Zucht des Leidens, das große Leiden – wißt Ihr nicht, daß nur diese Zucht alle Erhöhung des Menschen bisher geschaffen hat? ... Was der Seele je von Tiefe, Geheimnis, Maske, Geist geschenkt worden ist – ist es ihr nicht unter Leiden, und durch die Zucht des großen Leidens geschenkt worden?“ *(F. Nietsche 1960, Bd. 2, S. 689)*

Übung:
Welche Tiefe, Geheimnis, Maske, Geist, List oder Größe haben Ihnen Ihre größten Leiden bisher vermittelt?

Nietzsche lobt den Schmerz: „Und was mein langes Siechtum anlangt ... Ich verdanke ihm auch meine

Philosophie ... Erst der große Schmerz ist der letzte Befreier des Geistes ... Erst der große Schmerz ... zwingt uns Philosophen in unsere letzten Tiefen zu steigen. Ich zweifle, ob ein solcher Schmerz verbessert: aber ich weiß, daß er uns vertieft.“ *(F. Nietzsche, a.a.O., S. 1059)*

Übung:
Welchem Schmerz verdanken Sie Ihre Philosophie? Welchen Tiefen Ihrer Schmerzen entstammen welche Ihrer philosophischen Ideen?

51. Tag: Leiden und Übermensch

Für *Nietzsche* führt Leiden zur Vornehmheit und schafft geistig höhere Menschen, also Übermenschen: „Das Leiden macht vornehm, es trennt.“ *(F. Nietzsche, a.a.O., S. 744)*

Übung:
Haben Sie erlebt, daß Sie durch Ihre Leiden ein höheres Bewußtsein erlangt haben?

Die Menschen sind besonders mit der Verbreitung von Leiden vertraut: „Leiden-sehen tut wohl – Leidenmachen noch wohler – das ist ein harter Satz ... den übrigens vielleicht auch schon die Affen unterschreiben würden.“ *(F. Nietzsche, a.a.O., S. 808)*

Übung:
Bereitet Ihnen das Verbreiten von Leiden, das Unterstützen von Krieg, Freude?

52. Tag: Leiden als Schlüssel zum Geheimnis des Lebens

Das Leben erschließt sich erst, wenn man das Leiden erlebt: „So tief der Mensch in das Leben sieht, so tief sieht er auch in das Leiden.“ *(F. Nietzsche, a.a.O., S. 408)*

Übung:
Was haben Ihnen Ihre Leiden gelehrt über das Leben? Welche Erkenntnisse über das Leben haben Ihnen Leiderfahrungen vermittelt? Bitte legen Sie eine Liste an.

Das Leiden fördert schließlich die Suche nach Sinn: „Der Mensch ... verneint an sich nicht das Leiden ... vorausgesetzt, daß man ihm einen Sinn dafür aufzeigt.“ *(F. Nietzsche: 2, S. 899)*

Übung:
Welchen Sinn haben Sie durch Ihre Leiden schon erfahren?

53. Tag: Sigmund Freuds Theorie des Leidens

Sigmund Freud (1856-1939) unterscheidet drei Quellen des Leidens: „Von drei Seiten droht das Leiden: vom eigenen Körper her, der zu Verfall und Auflösung bestimmt, sogar Schmerz und Angst als Warnsignale nicht entbehren kann, von der Außenwelt, die mit übermächtiger, unerbittlicher zerstörender Kraft gegen uns wüten kann und endlich aus den Beziehungen zu anderen Menschen.“ *(S. Freud 1974, Bd. XIV, S. 434)*

Übung:
Von welcher Seite droht Ihrem Ich ein besonderes Leid? Beschreiben Sie bitte, welche der drei Seiten im Leben Sie besonders leiden läßt.

54. Tag: Methoden der Leidvermeidung

Sigmund Freud, der Erfinder der Psychoanalyse, stellte folgende Methoden der Leidvermeidung vor: *(S. Freud, a.a.O., S. 435-442)*

- „Gewollte Vereinsamung", um der gefürchteten Außenwelt zu entgehen,
- Rauschmittel, um sich dem Druck der Realität zu entziehen,
- Ertötung der Triebe, wenn ihre Sättigung von der Außenwelt verweigert wird,
- Senkung der Triebansprüche, um ihre mangelhafte Befriedigung nicht mehr so schmerzlich zu spüren,
- Verschiebung der Triebe auf höhere Ziele. Gewinnung von Lust aus Quellen intellektueller Arbeit,
- Kunstgenuß, die ein flüchtiges Entrücken aus den Nöten des Lebens ermöglicht,
- Wahn und Psychose, die die Realität des Leidens durch wahnhafte Umbildung entschärft,
- sexuelle Liebe, die eine überwältigende Lust vermittelt.

Übung:
Prüfen Sie, welche Leidvermeidung Sie bevorzugen, und begründen Sie Ihre Auswahl.

55. Tag: Ein wirksames Mittel gegen *Schmerzen*

E. M. Cioran, der schlaflose Philosoph der Nacht, stellt folgendes Mittel gegen den Schmerz vor: „Es gibt

kein wirksameres Mittel, den Schmerz zu ertragen, als Schläge und Selbstfolter ... der Schmerz kann nur durch neue Schmerzen bezwungen werden ... sich selbst zu foltern, sich geißeln und bluten, um eine Krankheit zu besiegen und einen Schmerz zu beherrschen bedeutet, sich zu zerfleischen, um zu leben."
(E. M. Cioran 1994, S. 16-18)

Übung:
Probieren Sie das Mittel Selbstfolter gegen Ihre Schmerzen aus, und beschreiben Sie die Wirksamkeit dieses Mittels.

56. Tag: Auf den Gipfeln der Verzweiflung

Das Leiden durchläuft nach *Cioran* zwei Phasen. Das Leiden läutert das Ich in der ersten Phase des Schmerzes. In der zweiten Phase der Schmerzen verblödet es das Ich nur noch. Das Leiden motiviert deshalb zu radikalen Fragen:
„Hat es überhaupt ein Sein geben müssen?
Warum kann man nicht einen endgültigen Triumph des Nicht-Seins annehmen?"
(E. M. Cioran 1997, S. 74)

Übung:
Beantworten Sie die bekannte Grundfrage Ciorans, warum gibt es überhaupt Etwas, warum gibt es nicht viel mehr Nichts.

57. Tag: Die Idee der Menschenflucht

Das Leiden kann so stark werden, daß man nicht mehr ein Ich sein möchte. Die Idee aus der Menschheit auszutreten wird dann zum alleinigen Heilmittel.
„Das Ideal jedes Menschen sei: das Menschsein aufzugeben." *(E. M. Cioran 1997, S. 155)*

Übung:
Beschreiben Sie, was Sie lieber sein möchten als ein Ich, um den Leiden endgültig entfliehen zu können.

5.3 Kampf

Tod und Leiden sind da oft ohne meine Mitwirkung. Kampf und Schuld sind dagegen vorhanden durch mein Tun. Obwohl ich sie mir schaffe, kann ich mich ihnen nicht entziehen. Wenn ich ihnen ausweiche, entstehen sie in neuer Gestalt oder ich zerstöre mich selbst.
Nach dem antiken Philosophen *Heraklit* (um 550-480 v.Chr.) ist der Kampf der Urheber aller Dinge. Auch der Vorsokratiker *Empedokles* (um 495-435 v.Chr.) erkennt, daß Liebe und Feindschaft als kosmische Prinzipien im ewigen Streit stehen. Der Kampf entläßt aus dem Urfeuer die Vielheit. Wenn diese Vielheit sich im Kampf zerstört, kehrt der Friede des Urfeuers zurück. Noch im Christentum kämpft der Teufel mit Gott. Erst in der Neuzeit wird deutlich, daß hauptsächlich unter den Individuen immer ein unerbittlicher Kampf ums Dasein besteht.

58. Tag: Der Kampf aller mit allen

Nach *Thomas Hobbes* (1588-1679) verhält sich das Ich gegenüber jedem anderen Ich wie ein Wolf (homo homini lupus). Aus dem egoistischen Streben des Ichs nach Selbsterhaltung ergeben sich Konflikte, die bis zur Vernichtung des Konkurrenten führen können. Erst der Staat kann die Sicherheit der konkurrierenden Ichs untereinander garantieren.

Übung:
Listen Sie die wichtigsten Konkurrenzverhältnisse in Ihrem Leben auf. Stellen Sie fest, wie Sie Ihre Konkurrenzkämpfe bisher gelöst

und wie weit Sie sich dabei auf die Hilfe staatlicher Rechte gestützt haben.

59. Tag: Der Kampf ums Dasein

Charles Darwin (1809-1882) hat den ständigen Wettbewerb aller Lebewesen um Lebenschancen erkannt. „Der Kampf ums Dasein ist die notwendige Folge des stark entwickelten Strebens aller Lebewesen, sich zu vermehren ... Da also mehr Individuen ins Leben treten als bestehen können, so muß auf jeden Fall ein Kampf ums Dasein stattfinden." *(C. Darwin 1990, S. 77)* Im Lebenskampf wird nur der Tüchtigste überleben und seine Erbanlagen an die nächste Generation weitergeben können.

Übung:
Schauen Sie Ihren Familienstammbaum an. Stellen Sie fest, welche Eigenschaften das Überleben Ihrer Familie von Generation zu Generation gesichert hat.

60. Tag: Der eiserne Sinn

Arthur Schopenhauer sieht, daß alle Individuen als Ausdruck ihres Willens gegeneinander kämpfen: „Zu dieser Welt ... gehört ein eiserner Sinn, gepanzert gegen das Schicksal und gewappnet gegen die Menschen. Denn das ganze Leben ist ein Kampf, jeder Schritt wird uns streitig gemacht ... Man kommt in dieser Welt nur mit gezücktem Degen voran und man stirbt mit den Waffen in der Hand." *(A. Schopenhauer 1977, Parerga und Paralipomena. Bd. I, 2, S. 517)*

Übung:
Womit haben Sie sich gepanzert und welche Art von Degen benutzen Sie im Leben?

61. Tag: Der Wille zur Macht

Der Kampf ums Dasein besteht für *Friedrich Nietzsche* nur in den Notlagen des Lebens. Überall, wo keine Notlagen bestehen, entwickelt sich der Wille zur Macht von der Materie über die Pflanzen bis hin zum Menschen ungebrochen: „Der große und der kleine Kampf dreht sich allenthalben ums Übergewicht, um Wachstum, um Ausbreitung, um Macht, gemäß dem Willen zur Macht, der eben der Wille des Lebens ist.“ *(F. Nietzsche 1960, Bd. II, S. 215)* Bei diesem Kampf um die Macht, bleibt die christliche Moral notwendig auf der Strecke.

Übung:
Wo haben Sie im Interesse Ihrer Machterweiterung die Grenzen der christlichen Moral schon überschritten? Schreiben Sie zur Beantwortung dieser Frage einen Freewriting-Text von drei Minuten.

62. Tag: Am Ende des Kampfes: Die klassenlose Gesellschaft

Karl Marx (1818-1883) und *Friedrich Engels* (1820-1895) stellten fest, daß aus Privateigentum Konkurrenz und der Klassenkampf entspringt. Dem Klassenkampf in modernen Gesellschaften leuchtet die Utopie der klassenlosen Gesellschaft voraus. Für den Marxisten *Ernst Bloch* (1885-1977) wird in Zukunft Kampf durch Solidarität und Haß durch Brüderlichkeit ersetzt. Alle Tagträume der Ichs sprechen vom Ende des Kampfes aller gegen alle: „Die Wachträume ziehen, sofern sie echte Zukunft enthalten ... ins ungewordene-unerfüllte oder utopische Feld.“ *(E. Bloch 1959, Bd. 1, S. 128)*

Übung:
Notieren Sie die Motive Ihrer Tagträume. Bilden Sie aus diesen Motiven Ihr Bild einer humanen Gesellschaft.

5.4 Schuld

Jedes Ich, das sich in der Abwehr von Leid, Todesangst und Konkurrenz gegen andere Ichs wehrt und sie ganz ohne Willen verletzt, ist schon schuldig. Die Entschiedenheit jedes Ichs für sich selbst, muß die Rechte anderer verletzen und das einzelne Ich schuldig werden lassen. In der *Antike* galt als Schuld, wenn jemand gegen die geltenden Normen verstieß. Das *christliche Mittelalter* sah jeden Menschen schon durch die Erbsünde als schuldig an. Die *Moderne* gibt diesen biologischen Schuldbegriff auf. Für *Immanuel Kant* entsteht Schuld, wenn das einzelne Ich wider bessere Vernunft handelt. Die *Philosophie der individuellen Schuld* entwickelt in der Moderne folgende Methoden der Bewältigung:

63. Tag: Verstrickt ins konventionelle „Man"

Da das Ich sich im Alltag dem Ruf des eigenen Gewissens entzieht, es selbst zu werden, wird es schuldig. *Martin Heidegger* zeigt in seinem Hauptwerk „Sein und Zeit", daß der Ruf des Gewissens dem Ich zu verstehen gibt, „daß es ... aus der Verlorenheit in das Man sich zu sich selbst zurückholen soll, d.h. schuldig ist." *(M. Heidegger 1960, S. 287)* Das Gewissen fordert den Einzelnen auf, zu „einem Sichverstehen zu seinem eigensten Seinkönnen, d.h. Sichentwerfen auf das eigenste eigentliche Schuldigwerdenkönnen." *(M. Heidegger 1960, S. 287)* Da das Ich sich zu sich selbst entscheidend aber immer wieder bestimmte eigene Lebensmöglichkeiten ausschlägt, bleibt es immer in der Schuld.

Übung:

Stellen Sie sich Ihren Ausbruch aus der konventionellen Moral Ihrer Familie vor. Beschreiben Sie die Schuldgefühle bei diesen Ausbruch.

64. Tag: Unschuldig – schuldig

Karl Jaspers (1883-1969) sieht den Menschen unvermeidlich schuldig. „Dadurch, daß ich mit meinem Dasein Leid anderer zulasse, habe ich die Schuld durch Ausbeutung zu leben, auch wenn ich meinerseits den Preis zahle durch eigenes Leid.“ *(K. Jaspers 1956, Bd. 2, S. 246)* Auch durch Nichthandeln kann ich einer gegenüber anderen nicht entgehen, weil Nichthandeln letztlich zum Selbstmord des Ichs führen würde.

Übung:

Wie verarbeiten Sie Ihr unschuldiges Schuldig-Sein?

65. Tag: Kollektiv schuldig

Als Deutscher ist man Teil eines Volkes, das durch Anzettelung von zwei Kriegen und die Massenvernichtung von Juden eine unwahrscheinliche Schuld auf sich geladen hat. Durch den Holocaust ist jeder Deutsche gezwungen, „sein Denken und Handeln so einzurichten, daß Auschwitz nicht sich wiederhole, nichts ähnliches geschehe.“ *(T. W. Adorno 170, S 356)*

Übung:

Stellen Sie einmal zusammen, was Sie bisher getan haben, damit sich Auschwitz nicht wiederholen kann.

Viele Tage haben wir uns nun mit Grenzsituationen auseinandergesetzt. Uns ist zum Bewußtsein gekommen: In der Welt gibt es für das Ich keine Vollendung. Wir scheitern. Aber falsch wäre es, aus den aufgebrochen Widersprüchen fatalistische Schlüsse zu ziehen. Gerade in der Auseinandersetzung mit Grenzsituationen wächst das Ich. Dem Ich eröffnen sich Einblicke in das, was es tun kann und in das, was jenseits seiner Macht liegt. Im Ringen um das, was ich kann, erfahre ich das, was mehr ist als alles Ich, auch, wenn ich es nicht denken kann.

Kapitel 6
Übungen zu Ich und Du, Ich und Wir und Ich und Existenz

„Nun will ich in meinem Tagebuch kurz mein Leben durchgehen…
Doch ich breche ab.“
(Sören Kierkegaard, 1813-1855)

Das Ich findet sich in einer Welt der Grenzsituationen vor. Es findet sich aber dabei niemals als bloßes isoliertes Ich vor. Als Robinson-Ich könnte das Ich überhaupt nicht existieren. Das philosophische Tagebuch des Ichs enthält deshalb immer „Urteile über Taten der Politiker, über Staatskrisen, Kriege, Hofintrigen und Standeskämpfe." *(G. R. Hocke 1978, S, 197)* Das Tagebuch des Engländers *Samuel Pepys (geschrieben 1660-1669)* enthält nicht nur Schilderungen des Ichs des Philosophen, sondern das Tagebuch entwikkelt auch Kritik an den Du´s und Wir´s seiner Gegenwart. *Benjamin Constant* gestaltet sein Tagebuch als geheimen Zeitzeugenbericht. Er schildert die letzte Zeit Napoleons, die hundert Tage und schließlich die Taten der Reaktion. Auch der Philosoph *Maine de Biran* (1766-1824) entwickelt in seinem Tagebuch eine Kritik des Staates und der Gesellschaft seiner Zeit. Allerdings wird die Analyse des Du und Wir im Tagebuch überschritten. Die existentialistischen Tagebücher der *Moderne* etwa von *Ernst Jünger*, *Albert Camus*, *Karl Jaspers* oder *Jean-Paul Sartre* kämpfen in ihrem Tagebuch auch um die Entwicklung des Ichs zur Existenz.

6.1 Ich und Du

Praktische Philosophie des Ichs kann den Eindruck erwecken, sie sei nur in der Einsamkeit möglich. Allerdings erfährt der Einzelne in der radikalen Einsamkeit nur den Abgrund des Nicht-Seins, das ihn zur Suche nach dem Du treibt. Denn: Seit Entstehung des Ichs in der Evolution hängt das Dasein des Ichs von anderen Ichs ab. Selbstbewußtsein ist nicht ohne anderes Selbstbewußtsein möglich. Ich muß mich in anderen Ichs wiedererkennen und unterscheiden können, um zu mir selbst Ich sagen zu können. Wahrheit ist nur möglich, wenn es sie nicht für mich, sondern auch für andere gibt. Ich kann meiner selbst nicht gewiß werden, wenn das andere Ich nicht auch seiner selbst gewiß ist. Da praktische Philosophie keine Geborgenheit in einer festen Gemeinschaft oder in einem geschlossenen Weltbild kennt, ist sie jenseits der inneren Selbsttätigkeit, auch auf Kommunikation mit anderen angewiesen. „Kommunikation ist für den Menschen der entscheidende Ursprung ... wenn die endgültige Geborgenheit fehlt.“ *(K. Jaspers 1956, Bd. II, S. 106)* Die philosophische Kommunikation hat verschiedene Formen entwickelt, die wir im Folgenden üben wollen.

66. Tag: Sokratischer Dialog

Der antike *Sokrates* (um 470-399 v.Chr.) wollte im Gespräch das alltägliche Routinedenken durchbrechen, durch eindringliches Bestehen auf klaren Definitionen der im Dialog benutzten Begriffe. Auftretende Widersprüche in der Begriffsdefinition wurden von Sokrates sofort scharf durchleuchtet. Das Ziel des sokratischen Dialogs war die Vermittlung der Einsicht in das Nicht-Wissen der Dialogpartner bei dem Versuch einer Lösung des besprochenen Problems. Die sokratische Dialogform wurde in der Geschichte der Philosophie von Platon, Giordano Bruno, François Marie Voltaire, David Hume und Friedrich W.J. von Schelling als wichtige philosophische Textform entwickelt.

Übung:

Erfinden Sie zwei Dialogpartner A und B, die sich über ein frei gewähltes Thema im Dialog austauschen. Schreiben Sie diesen

Dialog nun auf und führen Sie ihn zu dem Ende, daß beide Dialogpartner ihr Nicht-Wissen über eine Lösung des besprochenen Problems eingestehen müssen.

67. Tag: Feuerbachs Dialogik

Ludwig Feuerbach (1804-1872) machte im 19. Jahrhundert den konkreten Menschen zum Ausgangspunkt seines Philosophierens. „Die neue Philosophie" schreibt Feuerbach, „macht den Menschen zum alleinigen Gegenstand der Philosophie, die Anthropologie wird also zur Universalwissenschaft." *(L. Feuerbach zit. n. M. Buber 1961, S. 60)* Der konkrete Mensch ist für Feuerbach nicht das isolierte einsame Individuum, sondern die Verbindung von Ich und Du. „Der einzelne Mensch", schreibt Feuerbach, „hat das Wesen des Menschen nicht in sich ... Das Wesen des Menschen ist nur in der Gemeinschaft ... die sich nur auf die Realität des Unterschiedes von Ich und Du stützt." *(L. Feuerbach, a.a.O., S. 62)*

Übung:

Stellen Sie fest, wie viele Ich-Du-Beziehungen Sie im Leben schon hatten. Beschreiben Sie die zentrale Du-Erfahrung in ihrer Bedeutung für Ihr Ich.

68. Tag: *Martin Bubers* (1878-1965) „Ich und Du"

Das Ich bildet zwei Haltungen aus: Einmal verhält sich das Ich zu einem Es, zu einem Er, zu einem Sie. Zum anderen verhält sich das Ich zu einem Du. Die Welt der Erfahrungen von Dingen wird möglich durch die Ich-Es-Beziehung. Die Welt der Beziehungen stiftet das Grundwort Ich und Du. „Ich werde auch Du.

Ich werdend spreche ich Du. Alles wirkliche Leben ist Begegnung." *(M. Buber 1962, S. 15)*

Übung:
Beantworten Sie die Frage: Was erfahren Sie als Ich vom Du? Was wissen Sie vom Du? Ist Ihnen das Du ähnlich oder ist das Du das ganz Andere?

69. Tag: Gefährdung der Ich-Du-Beziehung

Das Schicksal der Ich-Du-Beziehung besteht darin, daß „jedes Du in unserer Welt zum Es werden muß." *(M. Buber 1962, S. 20)* Nur das Es kann geordnet und beherrscht werden. Das Du ist nicht zu beherrschen. Jeder Versuch, das Du zu beherrschen, läßt es schwinden zu einem Es, das dem Ich seine Ich-heit nicht mehr zuspricht. Die Du-Momente des Ichs im Leben sind: „lyrisch dramatische Episoden, von einem verführenden Zauber, aber gefährlich ins Äußerste reißend, den erprobten Zusammenhang lockernd ... eben unheimlich und eben unentbehrlich." *(M. Buber 1962, S. 37)*

Übung:
Beschreiben Sie den Verlust eines Dus. Schildern Sie in lyrischer Form den verführerischen Zauber, die gefährliche Reizung, die Lokkerung des erprobten Zusammenhangs und zugleich die Unheimlichkeit und Unentbehrlichkeit des Du-Erlebnisses.

70. Tag: Schweigen und Einsamkeit gefährden das Ich

Das Schweigen fördert die Gefahr, aus Angst vor Kommunikation nur noch zu schweigen. Die Einsamkeit des Schweigens führt zur leeren Ich-heit am Abgrund. Manches Ich verhärtet sich und verschließt sich in einer derartigen Stille. „Es bleibt das unergründliche Weinen in der Stille, das abgründige Schweigen.“ *(K. Jaspers 1956, Bd. II, S. 80)*

Übung:
Versenken Sie sich in tiefes Schweigen. Beschreiben Sie die Erfahrung des Schweigens.

71. Tag: Wahrheit entsteht in Kommunikation

Die Wahrheit beginnt mit Zweien. Solange Ich mit Ich kommuniziert, kämpfen sie um die Wahrheit. Die Wahrheit entsteht im Prozeß der Kommunikation von Ich zu Ich. Sie erreicht erst nach langer Zeit eine historische Gestalt, wenn der Prozeß der Kommunikation zum Schweigen kommt.

Übung:
Beschreiben Sie einen Augenblick in Ihrem Leben, in dem Sie im Gespräch mit einem anderen Menschen der Wahrheit nahegekommen sind.

6.2 Ich und Wir

Das Ich bildet sich in der menschlichen Evolution erst mit der Bildung von Staaten heraus. Das Ich braucht neben dem Du zu seiner Entstehung Familie, Gesellschaft und Staat. Von den Staatsformen hängt es ab, ob ein Ich sich entfalten kann oder ob es verkümmert. Individuelle Entwicklung ist möglich in Demokratien und Monarchien. Die individuelle Entwicklung stagniert in Diktaturen und Tyranneien. Das Ich entwickelt Beziehungen zu Familie, Gesellschaft und Staat.

Es hat einen Spielraum im Verhalten zu diesen Institutionen, den philosophische Praxis ausschöpfen möchte. Welche Methoden die praktische Philosophie im Verhältnis von Ich und Wir entwickelt hat, soll der nächste Abschnitt vorstellen.

72. Tag: Der Staat als Retter

Für *Aristoteles* (384-322 v.Chr.) ist das Ich sich nicht selbst genug. Das Ich muß in Gemeinschaft leben. Nur der Staat kann das Ich in seinen egoistischen Interessen einschränken, das Ich lehren zugunsten aller, auf seine egoistischen Interessen teilweise zu verzichten. Denn alle können nur bestehen, wenn sie sich nicht gegenseitig umbringen. Die Einschränkung des Egoismus erweist sich für das Ich als das allerwichtigste Überlebensmittel. Der Staat ist deshalb für Aristoteles ursprünglicher als das Ich. „Wie nämlich der Mensch zu seiner Vollendung gelangt, das beste der Lebewesen ist, so ist er, wenn er sich von Gesetz und Recht löst, das schlechteste von allen." *(Aristoteles 1963, 1-2, 1253a)* Wer außerhalb des Staates steht, ist für Aristoteles entweder ein Tier oder ein Gott.

Übung:
Schreiben Sie fünf Minuten Freewriting zum Thema. „Ich und der Staat".

73. Tag: Das Ich ist der Feind aller anderen Ichs

Thomas Hobbes (1588-1679) vertieft in der beginnenden Neuzeit die Bedeutung des Staates für das Ich.

Der Zustand der Menschen außerhalb des bürgerlichen Staates „kann nur der Krieg aller gegen alle sein und in diesem Krieg werden alle ein Recht auf alles haben.“ *(T. Hobbes 1949, S. 70)* Der Staat wird dem Egoismus abgerungen. Der Staat hat die Aufgabe, das Ich zur Friedfertigkeit anzuhalten, weil unter der Maske der sozialen Anpassung der ungebrochene Egoismus des Ichs weiterlebt.

Übung:

Legen Sie eine Liste aller Ihrer Handlungen an, die die Rechte anderer Ichs stark verletzt haben. Stellen Sie fest, bei welchen dieser Handlungen Sie der Staat sanktioniert und bestraft hat.

74. Tag: Das Ich und der Markt

Der englische Philosoph *Adam Smith* (1723-1790) meint, daß das Ich sich im Tausch der Waren am Markt entwickelt. Der Markt ordnet sich selbst und entfaltet alle Talente der Ichs, wenn sie nur mit aller Kraft nach Selbstverwirklichung streben. Die freie Konkurrenz „bringt jedes Talent zu einem hohen Grad der Vollkommenheit.“ *(A. Smith 1794, Bd. IV, S. 148-158)* Das Ich entscheidet in der Konkurrenz, was ihm nützt. Es verhält sich sozial durch das Mittel der Selbstbeobachtung. Durch das eigene Gewissen gesteuert, unterläßt es das, was anderen schaden könnte.

Übung:

Listen Sie alle Konkurrenzverhältnisse auf, in denen Sie leben. Beschreiben Sie kurz Ihr Verhalten unter Konkurrenzdruck.

75. Tag: Flucht in die Natur

Der französische Philosoph *Jean-Jacques Rousseau* (1712-1778) setzt auf die Freiheit des Ichs gegenüber dem Staat. Der Staat vereinseitigt nach Rousseau das ursprünglich allseitige Ich. Der Staat macht aus dem Ich einen Angehörigen eines Berufes oder eines Standes. Der Staat verhindert, daß das Ich seinem individuellen Gesetz folgen kann. Der Staat fordert vom Ich äußere Anpassung und Unterwerfung. „Ohne Unterlaß folgt man den gesellschaftlichen Gepflogenheiten, niemals seiner eigenen Natur.“ *(J. J. Rousseau 1967, Bd. II, S. 173)* Die berechtigte Selbstliebe des Ichs wird im Staat zur unerträglichen Eigenliebe verdorben. Das wirkliche Ich muß sich deshalb aus dem Staat zurückziehen und in der Einsamkeit der Natur leben.

Übung:
Schreiben Sie einen Aufruf, der heute den Ruf von J. J. Rousseau „Zurück zur Natur“ begründen könnte.

76. Tag: Aufhebung der Entfremdung

Karl Marx (1818-1883) bestimmt im 19. Jahrhundert das Ich als arbeitendes Wesen, das von den materiellen Bedingungen seiner Produktion abhängt. Durch seine Produktion entfremdet sich das Ich aber zugleich von sich selbst. Im Industriezeitalter treten die industriellen Produktionsmittel dem Ich als eine vom Ich unabhängige Macht gegenüber. Die Ichs sind in der industriellen Gesellschaft in besonders intensiver Weise sich selbst entfremdet. Die Ichs werden sich erst zu allseitigen Menschen wieder jenseits der kapitalistischen Industrie entfalten können. „Das Reich der Freiheit beginnt in der Tat erst da, wo das der Arbeit, das durch Not und äußere Zweckmäßigkeit bestimmt ist, aufhört und liegt also der Natur der Sache nach jenseits der Sphäre der eigentlichen materiellen Produktion.“ *(K. Marx 1962, Bd. III, S. 316)* Die Aufhebung des Privateigentums an den Produktionsmitteln sollte nach Marx die Allseitigkeit der Ichs wieder herstellen, so daß es dann möglich sein wird, „heute dies und morgen jenes zu tun, morgens zu jagen, nachmittags zu fischen, abends Viehzucht zu treiben, nach dem Essen zu kritisieren, wie ich gerade Lust habe, ohne je Jäger, Fischer, Hirt oder Kritiker zu werden.“ *(K. Marx 1953, S. 29 f.)*

Übung:
Schließen Sie die Augen. Stellen Sie Ihr Ich sich als allseitigen Menschen vor. Öffnen Sie dann die Augen und beschreiben Sie nun Ihr allseitiges Ich.

77. Tag: Vom Ende des Staates

Für *Friedrich Nietzsche* hat der Staat die Aufgabe, sich selbst abzuschaffen. „Er tut es durch die Entfesselung des Ichs in der Demokratie.“ *(F. Nietzsche 1960, Bd. I, S. 682)* Die Grenzen des Staates müssen für Nietzsche letztlich überwunden werden. „Dort, wo der Staat aufhört, da beginnt erst der Mensch ... dort, wo der Staat aufhört ... seht Ihr nicht den Regenbogen und die Brükken des Übermenschen?“ *(F. Nietzsche 1960, Bd. II, S. 315)* Nietzsche meint, daß das Ich sich von den Zumutungen des Staates befreien sollte, denn „alles was ein Mensch im Dienste des Staates tut, geht wider seine Natur.“ *(F. Nietzsche 1960, Bd. III, S. 658)* Der Staat verhindert letztlich die Entwicklung des Ichs zum Übermenschen.

Übung:
Was tun Sie für die Entstaatlichung der Gesellschaft und für die Befreiung des Ichs? Geben Sie eine spontane Antwort in zehn Sätzen.

78. Tag: Das vernichtete Wir

Wollten frühere Konzepte die Spielräume des Ichs gegenüber der Gesellschaft erweitern, so schlägt heute das Denken um. Das anthropofugale Denken propagiert zynisch nach Auschwitz die kollektive Vernichtung von allem: von Staat, Gesellschaft und von allen Ichs. Das oberste Dogma der neuen Ich-Vernichter lautet: „Der Sinn unserer Existenz ist der Untergang." *(U. Horstmann 1985, S. 59)* Da die Vernichtung der Ichs das Ziel der Geschichte sei, sollte das Wir die Vernichtung der Ichs in die eigenen Hände nehmen und selbst befördern. „Der wahre Garten Eden – das Öde. Das Ziel der Geschichte – das verwitternde Ruinenfeld. Der Sinn – das ist der durch die Augenhöhlen oder das Schädeldach geblasene, rieselnde Sand." *(U. Horstmann 1985, S. 8)* Die Negation des Ichs durch die Gesellschaft hat eine lange Tradition. In der *nihilistischen Philosophie* der Menschenvernichtung erreicht die Ich-Verachtung nach Auschwitz ihren Höhepunkt. Es gibt keinen Gedanken über die Verwirklichung des Ichs mehr, nur noch endlose Bildreihen von menschenleeren Wüsten, Trümmerfeldern, vom Verdorren, Versteinern und Vermonden der Welt.

Übung:
Schließen Sie die Augen. Produzieren Sie Bilder vom gelingenden Ichsein in einer Wir-Welt, die die Lust am Untergang pflegt. Stellen Sie fest, welches Ich in einer apokalyptischen Gesellschaft überdauern könnte.

Es ist nun an der Zeit, auf die tiefere Kraft des Ichs zur Existenz einzugehen.

6.3 Ich und Existenz

79. Tag: Der eigene Bewußtseinsstrom

Das Ich kann sich selbst gegenübertreten und feststellen, das bin ich. Das Ich ist sich als ständiger Bewußtseinsstrom gegenwärtig: Diese wechselnden Folgen von Gedanken, die immer begleitet werden können von dem Satz: „Ich denke, daß ...."

Übung:
Führen Sie den Satz weiter aus: „Ich denke, daß ..." und lassen Sie Ihren Assoziationen für drei Minuten freien Lauf.

80. Tag: Das Nicht-Ich

Das Ich ist sich gegenwärtig durch die Abgrenzung vom Nicht-Ich, der Welt der Objekte und Personen, die dem Ich als Subjekt wie Objekte gegenüberstehen.

Übung:
Schreiben Sie in freier Assoziation über alle Objekte etwas auf, die Ihrem Ich gegenüberstehen. Das Ich ist schließlich auch mit den anderen in seinen Träumen und Tagträumen konfrontiert. Es gibt die unbewußten Tiefen des Ichs, in denen deutlich wird, daß das Ich nur die Oberfläche eines viel größeren unbewußten vitalen Strebens ist.

81. Tag: Das Ich und das Unbewußte

Übung:
Schreiben Sie alle Schlüsselträume auf und sehen Sie zu, welche Strukturen des Unbewußten Ihrem Ich gegenüberstehen.

Allerdings bin ich schließlich auch „Ich selbst". Als Ich selbst werde ich mir durch folgende Aspekte bewußt: Ich bin Ich als Körper.

82. Tag: Mein Körper

Ich bin mein Körper. Ich bewege mich in ihm. Ich erleide seine Schmerzen. Ich bin eins mit der Erfahrung körperlicher Lust.

Übung:
Beschreiben und malen Sie Ihren Körper.

83. Tag: Ich als soziales Ich

Ich bin mir gegenwärtig als soziale Rolle in der Funktion als Elternteil, als Kind, als Berufstätiger, als Staatsbürger. Ich wirke als soziales Wesen auf andere und werde in meiner Wirkung auf sie von anderen gespiegelt.

Übung:
Beschreiben Sie Ihre Rollen. Untersuchen Sie, welche Rollen diese Rollen für Ihr Ich spielen.

84. Tag: Ich als Biographie

Schließlich bin Ich meine Biographie. Ich bin, was ich war. Ich habe eine Geschichte, die sich auf meine

Zukunft auswirkt. Ich habe traumatische Erfahrungen, die die Verhaltensweisen meines Ichs heute noch bestimmen.

Übung:
Schreiben Sie zehn Worte auf, die Ihr biographisches Ich bestimmen können. Sehen Sie dann zu, welche Art von Biographie Ihr Ich hat.

85. Tag: Ich als Charakter

Außerdem bin ich noch das, was ich in meinem Leben aus mir gemacht habe. Ich besitze einen bestimmten Charakter, eine Bündel von charakteristischen Verhaltensweisen und Eigenschaften.

Übung:
Umreißen Sie mit 20 Worten Ihren Charakter: Ihre Extro- oder Introvertiertheit, Ihre Anlagen und Begabungen, Ihre vorherrschenden Fehler und Eigenschaften.

86. Tag: Ich als vorgefundenes Ich

Durch alle diese Möglichkeiten der Ich-Vergegenwärtigung begegne ich mir, aber nicht in meiner Totalität. Ich bin mehr als alles was ich von mir weiß. Ich weiß vieles aus meiner Vergangenheit nicht. Ich durchschaue nicht meine Gegenwart. Ich kenne meine Zukunft nicht. Aber nun das wichtigste: Ich weiß nicht, warum Ich Ich bin und warum Ich nicht Ich bin. Ich bin nicht nur erkennbares Ich, ich bin gesetztes Ich, daß sich als Ich vorfindet und sich nicht selbst verdankt.

Übung:
Jedes Ich findet sich vor, an einem bestimmten Ort, in einer bestimmten Zeit, als eine bestimmte Person. Beantworten Sie die Frage: Warum sind Sie Mitte oder Ende des 20. Jahrhunderts geboren und nicht im Mittelalter, in der Antike oder als Urmensch? Beantworten Sie diese Frage mit dreiminütigem Brainwriting (Schreiben mit der schreibungewohnten Hand, bei geschlossenen Augen).

87. Tag: Ich als Existenz

Das Ich erfährt sich letztlich als Faktum, als absolute Vereinzelung. Das Ich erkennt, daß es existiert. Das Ich erfährt, daß es neben allen anderen biographischen Aspekten auch existierendes Ich ist. Als Faktum des Existierens besteht das Ich vor jeder Wesensbestimmung als Ich. Es besteht nicht nur vor jeder späteren Wesensbestimmung, es entwirft und lebt auch als faktische Existenz vor jeder späteren Wesensbestimmung. Damit erkennt das Ich, daß es noch einen weiteren fundamentalen Ich-Aspekt gibt: das Existenz-Ich.

Übung:
Beschreiben Sie sich, wie Sie hinter allem Bewußtsein, Unbewußten, allen körperlichen und hinter Ihren sozialen Rollen, Ihrer Biographie und Ihrem Charakter wirklich sind.

Die Erhellung des Existenz-Ichs kann mit verschiedenen Methoden vollzogen werden, die wir im Folgenden vorstellen.

88. Tag: Verzweiflung

Für *Sören Kierkegaard* (1813-1855) geht es beim Existieren um das Akzeptieren des sich vorfindenden Ichs durch das Ich. Dabei wird das Faktum des existentiellen Ichs hinter dem empirischen Ich dann fühlbar, wenn das Ich sich nicht selbst annehmen will. Das existentielle Ich wird spürbar in der Verzweiflung. In dem Zwiespalt, wenn das Ich selbst sein will und erkennt, daß es nicht selbst sein kann, verfällt das Ich der Krankheit zum Tode: der Verzweiflung und erfährt sich darin als existierend.

Übung:
Beschreiben Sie Situationen in Ihrem Leben, wo Sie sie selbst sein wollten und erkannten, daß Sie es nicht sein konnten.

89. Tag: Der Augenblick der Selbstwahl

In dieser Verzweiflung kann der Ruf des Gewissens hörbar werden, der das Ich zum Selbst-Sein aufruft. Die Wahl des Ichs, mit sich identisch zu sein, erfolgt in einem Augenblick, indem das Ich einen Sprung macht und sich als Existenz in der Gegenwart und für alle Zeit wählt.

Übung:
Beschreiben Sie den Augenblick in Ihrem Leben, wo Sie sich selbst als „Ich bin der und der und zwar für jetzt und alle Zeiten" gewählt haben.

90. Tag: Der Weg meines Ichs

Der französische Philosoph *Jean-Paul Sartre* (1905-1980) sieht das alltägliche Ich in seiner Durchschnittlichkeit und Alltäglichkeit ständig auf der Flucht vor der Angst. In der Angst wird dem einzelnen Ich seine Zufälligkeit und Einsamkeit bewußt. Die Angst eröffnet dem Ich den Blick dafür, daß es für sich verantwortlich ist. Denn das Ich ist das, wozu es sich entworfen hat. Das Ich wird das sein, was es zu sein geplant hat. Das Ich ist seine Tat. Das Ich ist als Existierendes nichts anderes als die Gesamtheit seiner Handlungen. In seinen Handlungen existiert das Ich, das in der Tat die Angst vor der Qual der Entscheidung überwindet. Das Ich ist soweit frei, wie es die Freiheit der anderen existierenden Ichs akzeptiert. Das Ich muß seine in Freiheit getroffenen Ich-Entwürfe verantworten. Sartre schreibt in einem seiner Romane: „Gestern ging ich aufs Geratewohl über die Erde, und Tausende von Wegen flohen unter meinem Schritt, denn sie gehörten anderen. Heute gibt es nur einen, und Gott weiß wohin er führt, aber es ist mein Weg.“ *(J. P. Sartre zit n. H. Knittermeyer. 1952, S. 384)* Da wo das Ich in Übereinstimmung mit dem Ich-Entwurf gelebt wird, da findet das Ich seine einzige Art des Existierens.

Übung:
Schildern Sie die Stadien der Ich-Entwürfe, die Sie aus Angst vor dem Versinken ins soziale Nichts bisher durchlaufen haben.

91. Tag: Das Erwachen des Ichs

Der französische Philosoph *Albert Camus* (1913-1960) sieht in der Erfahrung der Absurdität des Daseins, die Situation, in der das Ich auf seine Existenz stößt. Lange lebt das Ich seine alltäglichen Routinen der ständigen Wiederholung. „Eines Tages aber steht das Warum da, und mit dem Überdruß, in dem sich Erstaunen mischt, fängt alles an.“ *(A. Camus 1959, S. 16)* Der erlebte Überdruß am mechanischen Leben ist das Ende der Alltagsroutine und der Anfang der Bewußtwerdung der Möglichkeit von Existenz für das Ich.

„Der nächste Schritt ist die unbewußte Rückkehr in den Alltag oder das endgültige Erwachen.“ *(A. Camus 1959, S. 16)*

Übung:
Beschreiben Sie die Situation, in der Ihr Ich erwacht ist.

92. Tag: Das Ich in der Revolte

Wenn Sie erwacht sind, sehen Sie nach *Albert Camus* die Widersprüche des Ichs genauer: „Die Sehnsucht des Ichs nach dem Absoluten und Ewigen und das Faktum des Todes und der Vergänglichkeit, das Heimweh nach der Einheit und die Vielfältigkeit des Lebens. Aus dieser Erfahrung kann das Ich den Schluß ziehen: Die Welt ist absurd, und gerade, daß ich mich entschließe, dieser Absurdität standzuhalten, verschafft mir das Selbstbewußtsein. Mein existentielles Selbstbewußtsein heißt: Ich existiere, weil ich gegen das Absurde dieser Welt revoltiere.“ *(A. Camus 1953, S. 255)* Weil ich revoltiere, bin ich frei, alles Gegebene auszuschöpfen und so intensiv wie möglich zu leben.

Übung:
Beschreiben Sie Ihre Freiheit, die Sie durch die Revolte gegen den Alltag und seine Negation gewinnen können.

93. Tag: Typen der Existenz

Camus unterscheidet folgende Typen der revoltierenden Existenzmöglichkeit des Ichs: Er nennt einmal Don Juan, der gegen das Scheitern der Liebe durch ständige Flucht revoltiert. Daneben gibt es den Künstler, der durch seine Kunst der Absurdität Sinn abgewinnt. Schließlich gibt es den Abenteurer, der jede

Eroberung hinter sich läßt und neu aufbricht. Wichtig für Camus ist auch der politische Rebell, der gegen die inhumanen Gefahren jeder Revolution sofort wieder rebelliert. Der mythische Rebell ist für Camus Sisyphos, der den Stein immer wieder auf den Berg rollt, oder der metaphysische Rebell Prometheus, der die Götter töten will, weil sie versagt haben.

Übung:
Stellen Sie fest, welchen Typ revoltierender Existenz Ihr Ich wählen würde: In der Liebe, in der Kunst, in der Forschung, in der Politik, im Mythos, in der Metaphysik. Begründen Sie die Entscheidung Ihres Ichs jetzt.

94. Tag: Das Licht jenseits des Absurden

Sollte das Ich den Weg der Rebellion gehen, die bis zur Veränderung der Gesellschaft führen kann, so muß es immer mit seinem Scheitern rechnen. Denn: „Ungerechtigkeit und Leid werden bleiben ... und werden nicht aufhören, der Skandal zu sein." *(A. Camus 1953, S. 308)* Das revoltierende Ich verfällt aber angesichts des Scheiterns nicht in Nihilismus. Denn: „Am Ende dieser Finsternisse ist indessen ein Licht zu erwarten." *(A. Camus 1953, S. 309f.)*

Übung:
Beschreiben Sie mit geschlossenen Augen das Licht jenseits aller absurden Widersprüche, das Licht, das aus dem Zusammenfall aller Widersprüche entsteht.

95. Tag: Diktatur des Man

Martin Heidegger (1889-1976) vertieft die Existenzerhellung des Ichs. Heidegger sieht das Ich auf das gesellschaftliche Durchschnitts-

Man reduziert und um seine freie Selbstbestimmung betrogen. „Das Man ist überall dabei ... Weil das Man jedoch jedes Urteilen und Entscheiden vorgibt, nimmt es dem jeweiligen Dasein die Verantwortlichkeit ab ... Das Man war es immer, und doch kann gesagt werden, keiner ist es gewesen.“ *(M. Heidegger 1960, S. 127)* Solange das Ich nur tut, was Man macht, ist es nicht eigentlich ein Ich, sondern nur ein Abbild aller anderen. „Zunächst bin ich nicht Ich im Sinne des eigenen Selbst, sondern die anderen in der Weise des Man.“ *(M. Heidegger 1960, S. 129)*

Übung:
Nennen Sie die Situationen, wo Sie sich nicht so verhalten, wie Man sich verhält.

96. Tag: Erfahrung des Ichs

Das Ich ist in seinem In-der-Welt-sein durch Sorge bestimmt. Sorge meint nicht ein isoliertes Verhalten des Ichs zu sich selbst, sondern das Sorgen des Ichs um seine Zukunft, um seine Gegenwart und um seine Bestimmung durch die Vergangenheit. „Mit Ich spricht sich die Sorge aus, zunächst und zumeist in der flüchtigen Ich-Rede des Besorgens.“ *(M. Heidegger 1960, S. 322)* Die Sorge des Ichs wird zur Angst, wenn das Ich aus dem Man herausfällt und sich als vereinzeltes erkennt: „Die Angst vereinzelt und erschließt so das Dasein als solus ipse (ich selbst).“ *(M. Heidegger 1960, S. 188)*

Übung:
Schildern Sie Situationen, in denen Sie sich als nacktes Ich ohne alle Sicherheit erfahren haben.

97. Tag: Todesangst

Die Vereinzelung des Ichs erreicht Ihren Höhepunkt in der Erfahrung der Todesangst, die das Ich vor das Nichts bringt. „Das Nichts, davor die Angst bringt, enthüllt die Nichtigkeit, die das Dasein seinem Grunde bestimmt, der selbst ist als Geworfenheit in den Tod.“ *(M. Heidegger 1960, S. 308)*

Übung:
Beschreiben Sie Anfälle von Todesangst und achten Sie dabei besonders auf das Todesbild, das bei Ihnen die Ängste vor dem Tod erscheinen läßt.

98. Tag: Erkenntnis der Bestimmung des Ichs

Die Geworfenheit des Ichs in den Tod eröffnet aber zugleich Erkenntnis der eigenen Lebensmöglichkeit des Ichs: „Nur das Freisein für den Tod gibt dem Dasein das Ziel schlechthin und stößt die Existenz in ihre Endlichkeit.“ *(M. Heidegger 1960, 384)*

Übung:
Beschreiben Sie, wie Sie in Todesangst sich selbst fanden und Ihr Leben und Ihren sorgenden Selbstentwurf wählten.

99. Tag: Seinserfahrung

In seinem Spätwerk hat Heidegger die Bedeutung der Erlangung der Existenz nach der Befreiung des Ichs aus der Diktatur des Man erweitert. „Existenz kann nun die schweigende Lichtung des Seins erfahren und zum „Hirt des Seins“ werden.“ *(M. Heidegger 1954, S. 66 f.)*

Übung:
Beschreiben Sie Situationen, in denen Ihnen der Sinn des Seins zumindestens für einen Augenblick aufgegangen ist.

Mit der Existenzphilosophie wird das Ich als Fenster zur Transzendenz erkannt. Durch dieses Fenster wollen wir im Folgenden schauen. Dieses metaphysische Fenster eröffnet sich zumeist durch Meditation, metaphysische Denktechniken und durch das philosophische Gebet. Aber, das sei hier gesagt, es kann auch geschlossen bleiben!

Kapitel 7
Übungen zur philosophischen Meditation

„Das Bedürfnis nach Selbsterkenntnis packte mich gewaltsam. Zeugen jenes Umschwunges sind mir noch jetzt die unruhigen Tagebuchblätter jener Zeit mit ... ihrem Aufschauen zur Umgestaltung des ganzen Menschen Kerns.“
(Friedrich Nietzsche, 1844-1900)

Das Ich kommt zur letzten existentiellen Erfahrung im Tagebuchschreiben, wenn das Ich aufschreibt, wie es das Sein sucht. Das Sein wird in vielen Begriffen genannt: Das Eine, der Ursprung aller Dinge, der Baumeister der Welt, die Kraft, die aus dem Nichts die Dinge ins Dasein ruft. Wenn das Ich aufhört dieses Sein zu suchen, das sich allen Begriffen entzieht, dann ist es, als ob das Ich aufhört zu sein. Wenn das Ich an die Quelle des Seins dringen will, so erlebt es ein Scheitern. Wenn das Ich sich nicht im Scheitern zerstören will, macht es sich immer wieder zu neuen Versuchen der Seinssuche auf. „Die Weisen dieses Seinssuchens ... sind Wege zur Transzendenz.“ *(K. Jaspers 1956, Bd. III, S. 3)* Besonders weibliche Tagebücher gewinnen oft die Qualität „eines geheim-mystischen Dialogs mit Gott ... es ist auffallend, daß viele religiöse Tagebücher gerade von Mädchen und Frauen geschrieben worden sind.“ *(G. R. Hocke 1978, S. 221)* Weibliche metaphysische Tagebücher reichen von den Selbstbekenntnissen der *Mystikerinnen* des Mittelalters bis zu *Marie Curie*, *Simone Weil* oder *Virginia Woolf* im 20. Jahrhundert. Der mystische Weg zeigt im Tagebuch seine Spuren, seine Stufen, seine Methoden, seine Gefahren. Selbst *Ernst Jünger*, der umfassendste Tagebuchautor des 20. Jahrhunderts, versuchte in seinen Tagebüchern „dem Chaos ein Gesicht zu geben, das Gesicht eines zwar ungeordneten Seins, aber immerhin eines Seins.“ *(G. R. Hocke 1978, S. 230) Hermann Hesse* warnte die Tagebuchschreiber auf dem mystischen Weg: „Das sich Befassen mit dem eigenen Ich kann aus einem Mittel zum Selbstzweck werden, aus einer Kur zur Krankheit ... Das macht den Tagebuchschreiber zum Gegenteil des Heiligen.“ *(H. Hesse 1960, S. 18f.)*

Die wichtigsten Wege zur Transzendenz, die dem Ich erst Sinn in der Welt vermitteln, sind die Methoden der philosophischen Meditation, der metaphysischen Erhellung und des philosophischen Gebets. Alle drei Wege werden wir im folgenden Kapitel beim Führen unseres Tagebuchs beschreiten.

Philosophische Meditation

Was ist philosophische Meditation?

Philosophische Meditation ist ein bewußtes, absichtliches Heraustreten aus dem Alltag. Es umfaßt Vorkehrungen, damit im Inneren des Menschen Ruhe einkehrt. Dann werden Methoden des inneren Handelns angewandt, so daß das Ich sein Bewußtsein erweitern kann. Für die Durchführung dieses Prozesses kann man eine Vielzahl von Methoden, die Atmung, das innere Sprechen, die Lebensenergie, innere Bilder, Musik, Bewegung usw. zur Bewußtseinsveränderung einsetzen. Der Einsatz dieser Methoden ist kein Spaß. Er kann zu mystischen Erfahrungen führen. Mystik ist kein lustiges Spiel mit irgendwelchen esoterischen Ideen. Es ist ein Kampf um Leben und Tod, um Ewigkeit und Verzweiflung, um die Leidenschaft zur Nacht und die Klarheit des Tages. *(Vgl. Grof, S. u. C. 1991)* Meistens wird Meditation mit religiöser Mystik gleichgesetzt. Das entspricht aber keineswegs der Realität und Geschichte der Meditation.

Überall wird heute Meditation zur Entspannung, Selbsterkenntnis und Selbstverwirklichung als Lebenshilfe angeboten. Dabei kommt es meistens weder zur Unterscheidung von religiöser und philosophischer Meditation noch zur Unterscheidung von östlicher und westlicher Meditation. Solche Unterscheidungen sind aber sinnvoll. Für die westlichen Industrieländer mit ihrer wissenschaftlichen Zivilisation wäre nämlich eine philosophische westliche Meditation besonders reizvoll. Allerdings herrschen heute auf dem Meditationsmarkt die religiösen östlichen Meditationsformen vor. *(Vgl. D. Fontana 1996)* Es ist also an der Zeit, die Unterschiede der Meditationsformen zu definieren und dann die westliche philosophische Meditation als wichtiger Teil praktischer Philosophie vorzustellen.

In der östlichen Meditation wäre die indische und die chinesische religiöse Meditation zu unterscheiden.

Die *indische religiöse Meditation* zielt auf die Überwindung der normalen weltlichen Einstellung und auf die Befreiung des Menschen aus dem Kreislauf der Geburten. Mit der Methode des achtstufigen hinduistischen Yogaweges soll das objektlose Bewußtsein des reinen Selbst erreicht werden. Die acht Stadien heißen:

1. Einhaltung der moralischen Gebote,
2. Einhaltung der Tugenden,
3. Benutzung von körperlichen Konzentrationstechniken,
4. Regulierung des Atems,
5. Zurückziehen der Sinne von den Gegenständen,
6. Konzentration auf einen inneren oder äußeren Gegenstand,
7. Fortsetzung der Konzentration,
8. Einswerden mit dem Gegenstand.

(M. Eliade 1977)

Im Buddhismus geht es dagegen in der Meditation um die Befreiung vom Irrglauben an das Selbst und die Erkenntnis der Selbst- und Substanzlosigkeit alles Seienden. Die Techniken der buddhistischen Meditation zählen auf die Überwindung des Durstes, der Selbstsucht und Selbstverstrickung im Kreislauf des Leidens.

Die *chinesische religiöse Meditation* wird schon von *Konfuzius* (5. Jahrh. v.Chr.) erwähnt. Bei den chinesischen Taoisten wird Meditation zur Technik, die eigene Lebenskraft mit den Schwingungen des TAO in Übereinstimmung zu bringen. Der chinesische und japanische Zen-Buddhismus zielt auf die Vertiefung des Bewußtseins im Leeren, auf das Nichts-Mehr-Denken. Dieses Nichts-Mehr-Denken geht dann mit dem Zustand innerer Ruhe, mit Regungslosigkeit, geistigem Schweigen und einer meta-intellektuellen Seinsgewißheit einher.

Während die östliche Meditation ungegenständlich und überrational orientiert ist, will die *westliche philosophische Meditation* dagegen das rationale und gegenständliche Denken in der Meditation vertiefen. Auch die philosophische Meditation soll zu einer Durchbrechung der alltäglichen Denkroutinen führen, die die Selbsterkenntnis verhindern. Westliche philosophische Meditation will Menschen von der äußeren Welt ablösen, zu sich selbst führen, sein Denken durchleuchten, und die Grundlagen des Denkens überhaupt bewußt machen und dadurch den Tod überwinden. Die großen philosophischen Meditationsmeister des Westens heißen:
Anaxagoras (um 500-428 v.Chr.),
Platon (427-347 v.Chr.),
Plotin (204-270 n.Chr.),

Aurelius Augustinus (354-430 n.Chr.),
Anselm von Canterbury (1034-1109 n.Chr.),
René Descartes (1596-1650),
Immanuel Kant (1724-1804)
Arthur Schopenhauer (1788-1860),
Edmund Husserl (1856-1938),
Karl Jaspers (1883-1969).

Ihre philosophischen Meditationsmethoden wollen wir im Folgenden üben.

100. Tag: Geistige Meditation

Erste Spuren der Meditation finden wir in der Vorsokratik bei *Anaxagoras (1500-428 v. Chr.)*. Er unterscheidet zum ersten Mal in der Geschichte des Denkens Geist und Materie. „Der Geist hat die Macht aus sich selbst". „Der Geist hat die größte Kraft". „Der Geist ist etwas Unendliches". *(W. Capelle: 1968, S. 272 f.)* Anaxagoras sagt auch: „Der Geist ordnet alle Dinge, indem er durch alles hindurchgeht." *(W. Capelle 1968, S. 269)* Wegen des Geistes ist die Welt, bestehend aus vielen Stoffen, ein geordneter Kosmos. Anaxagoras sieht aber die sinnliche Erkenntnisreichweite des Menschen begrenzt: „In Folge der Schwäche unserer Sinne sind wir nicht imstande, die Wahrheit zu erkennen." *(W. Capelle 1968, S. 280)* Die Erkenntnis der Wahrheit der Macht des Geistes im Kosmos gelingt nur durch Meditation: „Die sichtbaren Dinge", schreibt Anaxagoras, „bilden die Grundlage der Erkenntnis des Unsichtbaren". *(W. Capelle 1968)* Die Meditation hat bei Anaxagoras zwei Stufen:

1. Vorstellung der sichtbaren Dinge,
2. meditative Schau des unsichtbaren Geistes des Kosmos.

Übung:
Schließen Sie die Augen. Stellen Sie sich erst die vielen tausend Stoffe des Kosmos vor. Imaginieren Sie dann ein universelles geistiges Prinzip, das den ganzen Kosmos ordnet.

101. Tag: Meditation des Aufstiegs

Platons philosophische Meditation hatte die Erkenntnis der Ideen zum Ziel. Der Aufstieg zu den Ideen führt für den Meditierenden zum Wandel seiner äußeren Fremdlenkung, zu einer inneren Selbstlenkung. Platon (427-347 v. Chr.) entwickelt im „Phaidon", dem letzten Gespräch des Sokrates vor seinem Tod durch den Giftbecher, seine Theorie der meditativen Absonderung und Befreiung der Seele vom Leibe. In der Absonderung von den letztlich sinnlichen Einflüssen, erinnert sich die Seele der Idee des Guten, Wahren und Schönen wieder, die sie schon vor ihrer Geburt gesehen hat. *(Platon: 1959, Bd. III, S. 24)* Dem Unsichtbaren der Ideen muß sich die Seele meditativ zuwenden. Sie wird in der Meditation die Stufen durchschreiten, die Platon im „Höhlengleichnis" *(Platon, a.a.O. S. 59)* vorgestellt hat. Die Meditationsmethode der Stufen des Höhlengleichnisses heißen:

- Verschaffen Sie sich Ruhe von den äußeren Dingen.
- Folgen Sie dem inneren Fluß des Gedanken.
- Steigen Sie im Abstraktionsprozeß zu den Ideen des Guten, Wahren oder Schönen auf.
- Schauen Sie das Göttliche Eine und nicht der Meinung Unterworfene oft und lange an.

(Platon, a.a.O., S. 35)

Diese Meditationsmethode wird von Platon zugleich als entschiedene Hilfe gegen die Todesangst vorgestellt, weil sich die Seele in dieser Meditation von ihrer Unsterblichkeit überzeugt. „Tritt also der Tod den Menschen an, so stirbt das Sterbliche an ihm (der Leib), das Unsterbliche aber und Unvergängliche (die Seele) zieht wohlbehalten ab, dem Tod aus dem Wege.“ *(Platon, a.a.O., S. 56)*

Übung:
Schließen Sie die Augen. Stellen Sie sich eine Leiter mit folgenden Stufen vor:

1. **Konkrete Dinge,**
2. **Ideen der Dinge,**
3. **die obersten Ideen: das Wahre, Gute und Schöne.**
4. **Das Eine.**

Beschreiben Sie nach Ihrer Imagination Ihre Erfahrung.

102. Tag: Verschmelzung mit dem Einen

Plotin (205-270 n. Chr.) formalisiert die platonische Meditation in vier Stufen:

1. Stufe: Reinigung der Seele von den Begierden der äußeren Dinge,
2. Stufe: Kehren nach innen und Schau der Ideen,
3. Stufe: Überschreitung der Ideen,
4. Stufe: Verschmelzung mit dem Einen.

Plotin definiert die vier Stufen seiner philosophischen Meditation folgendermaßen:

1. „Kehre ein bei Dir selbst,
2. entferne aus Dir, was überflüssig ist,
3. so daß das göttliche Licht zum Erscheinen kommen kann,
4. und Du in Reinheit eins mit ihm wirst.“

(Plotin zit. nach B. Borchert 1994, S. 89)

Übung:
Vollziehen Sie diese vier Stufen bei geschlossenen Augen.

103. Tag: Meditation des größten Gedankens

Anselm von Canterbury (1033-1109) will sich ohne Stütze auf Bibel und Kirchenlehrer einzig mit Hilfe seiner Vernunft über das göttliche Wesen verständigen. Meditation zielt bei ihm darauf ab, sich denkend über die Existenz Gottes zu vergewissern. Das letzte, was man über Gott denken kann, ist aber, daß er der Größte ist, weil er das ist, was alles ist. Gott ist also das Größte, über das hinaus nichts Größeres gedacht werden kann. Die Meditation beginnt mit der Innenkehr, die Anselm v. Canterbury so beschreibt:

- „Entfliehe Mensch den Beschäftigungen.
- Verbirg Dich eine Weile vor Deinen verworrenen Gedanken.
- Wirf ab die drückenden Sorgen.
- Stell zurück Deine mühevollen Geschäfte.
- Sei frei für Dein Denken."

(A. v. Canterbury 1995, Kap. 1)

Übung:
Schließen Sie nun die Augen und stellen Sie sich etwas Größeres als Gott vor. Beschreiben Sie diesen Meditationsversuch.

Übung:
Machen Sie drei Minuten Freewriting mit dem Startsatz: „Das Größte, was für mich denkbar als auch wirklich ist, heißt für mich ...

104. Tag: Ich meditiere, also bin ich

René Descartes (1596-1650) bekämpft seine Zweifel in der Möglichkeit sicherer Erkenntnis mit seiner Meditationstechnik. Er beschreibt sie folgendermaßen:

- „Ich will jetzt meine Augen schließen
- meine Ohren verstopfen,
- und alle meine Sinne ablenken,
- auch die Bilder der körperlichen Dinge aus meinem Bewußtsein tilgen oder doch, sich dies wohl kaum tun läßt, sie als eitel und falsch, gleich nichts achten.
- Ich will mich nur mit mir selbst unterreden,
- tiefer in mich hineinblicken
- und versuchen, mich mir selbst nach und nach bekannter und vertrauter zu machen."

(R. Descartes 1965, S. 27)

Übung:
Schließen Sie die Augen, führen Sie ein Selbstgespräch mit sich selbst, blicken Sie tiefer in sich hinein und machen Sie sich selbst mit sich bekannter und vertrauter. Schreiben Sie dann einen kurzen Dialog zwischen Ich^1 und Ich^2 über ihre ersten Meditationsergebnisse.

Als ein Ergebnis seiner Meditation schreibt Descartes: „Wenn ich alles in Zweifel ziehe, bleibt doch das zweifelnde Denken. Hier finde ich nun: das Denken ist's, es allein kann nicht von mir getrennt werden. Ich bin, ich existiere, das ist gewiß (Cogito ergo sum!). Wie lange aber bin ich? Nun solange als ich denke."
(R. Descartes 1965, S. 20 f.)

Übung:
Schließen Sie die Augen. Schicken Sie also Dinge, die sich Ihnen aufdrängen weg. Stoßen Sie Ihr Ich, das alle Dinge wegdenkt und bemerken Sie, daß Sie sich wegdenken können. Sie denken, also existieren Sie. Öffnen Sie die Augen und beschreiben Sie, was es für Sie bedeutet, bemerkt zu haben, daß, wenn Sie denken, Sie

auch absolut sicher sind, daß Sie ohne Zweifel existieren. Schreiben Sie nun drei Sätze über Ihr „Cogito ergo sum".

105. Tag: Meditation des Jenseits aller Widersprüche

Baruch de Spinoza (1632-1677 n.Chr.) unterscheidet drei Arten des Wissens:

- empirisches Wissen aus vager Erfahrung von Einzeldingen und Zeichen,
- verstandesmäßiges Wissen aus Gemeinbegriffen und adäquaten Ideen und
- intuitives Wissen.

Intuitives Wissen beschreibt er folgendermaßen: „Diese Gattung des Erkennens schreitet von der adäquaten Idee des formalen Wesens einiger Attribute Gottes zur adäquaten Erkenntnis des Wesens aller Dinge." *(Spinoza, B. de: Ethik. Frankfurt 1982, S. 115 f)* Meditative Intuition geht also von Gott aus als „das absolut unendliche Wesen, das heißt die Substanz, welche aus unendlichen Attributen besteht, von denen ein jedes ewiges und unendliches Sein ausdrückt" *(Spinoza, a.a.O., S. 25)* „und schreitet fort zur Einsicht, daß alle Dinge von dieser Substanz herrühren und göttlich sind. Aus der schaffenden Natur (natura naturans) ergibt sich mit Notwendigkeit im intuitiven Wissen die Einsicht in die geschaffene Natur (natura naturata)." *(Spinoza, a.a.O., S. 56)* Diese intuitive Erkenntnis kann nur in Meditation gefaßt werden. Diese Meditation hat folgende Merkmale:

- Die Meditation muß die Seinstotalität zum Gegenstand haben.
- Sie muß die Seinstotalität ohne Einfluß der Sinne oder abstrakter Prinzipien denken.

Dabei bildet der Meditierende und die Seinstotalität eine Einheit:

„Wer das Ganze des Seins denkt, muß sich selbst als Teil dieses Ganzen denken, weil er sonst nicht das Ganze gedacht hätte, da er sich dem Ganzen zugehörig weiß, identifiziert er sich mit ihm, er bejaht und liebt es.“ *(W. Röd 1995 , Band 2, S. 56)*

Spinoza sagt zu seiner Meditationsform: „Wenn auch der von mir gezeigte Weg ... sehr schwierig scheint, so kann er doch gefunden werden. Und allerdings muß eine Sache schwierig sein, die so selten angetroffen wird ... Alles Erhabene ist ebenso schwierig wie selten.“ *(Spinoza, a.a.O. S. 330)* Spinoza gibt damit einen Hinweis zur mystischen Form seiner Meditation. Seine mystische Meditation hat folgende Stufen:

1. Ruhestellung des Geistes
2. Beseitigung aller Denkobjekte
3. Konzentration auf das Jenseits der Subjekt-Objektspaltung
4. Erfahrung des Zusammenfalls aller Gegensätze: Der Einheit der natura naturans mit der natura naturata
5. Rückkehr in die alltägliche Subjekt-Objektspaltung

Übung:
Vollziehen Sie die fünf Stufen und stellen Sie sich auf Stufe 4. das Ganze der Natur vor.

106. Tag: Meditation als Erkenntnis der äußeren Realität

Immanuel Kant (1724-1804) begreift Meditation als methodische Verarbeitung äußerer Erfahrung. Er bricht damit völlig mit der Platonischen Meditationsmethode

des Weges nach Innen. Seine Meditationsmethode soll ein übermäßiges Überfluten der Seele durch innere Täuschungen verhindern. Seine Meditationsmethode kann die Täuschung des inneren Sinnes dadurch in Ordnung bringen, daß sie „den Menschen in die äußere Ordnung, und hiermit in die Ordnung der Dinge, die den äußeren Dingen vorliegen, zurückführt."
(I. Kant 1962, Bd. VI, S. 457 f.)
Kant definiert seine Meditation folgendermaßen: „Unter Meditieren ist Nachdenken oder ein methodisches Nachdenken zu verstehen." *(I. Kant 1962 Bd. III, S. 582)* Kants Idee der Meditation meint Denken als Nachdenken, als ständiges, scharfsinniges wiederholtes Erwägen des Denkens im Bestreben, etwas Dunkles zu entfalten oder etwas Verborgenes forschend zu durchdringen. Kant weiter: "Das Meditieren muß alles Lesen und Lernen begleiten und es ist hierzu erforderlich, daß

1. man zu förderst vorläufige Untersuchungen anstelle
2. sodann seine Gedanken in Ordnung bringe
3. oder nach einer Methode verbinde."

(I. Kant, a.a.O.)

Übung:
Wählen Sie ein Thema, das etwas Dunkles und Verborgenes beinhaltet. Denken Sie zwei Minuten über Ihr gewähltes Thema bei geschlossenen Augen nach. Beschreiben Sie dann die Methode, mit der Sie erst die Voruntersuchung angestellt haben und dann Ihre Methode, mit der Sie Ihre Gedanken zum Thema geordnet und die Teile Ihrer Erkenntnis in Verbindung gebracht haben.

107. Tag: Meditative Ideenerkenntnis

Arthur Schopenhauer (1788-1860) begreift Meditation als „Übergang von der gemeinen Erkenntnis einzelner Dinge zur Erkenntnis der Idee.“ *(A. Schopenhauer: Welt als Wille und Vorstellung. Zürich 1977, Bd. I, 1. S. 231)* Diese Steigerung der Erkenntnis geschieht, wenn sich die Erkenntnis vom Dienst des Alltagswillens losreißt und dabei das „Subjekt aufhört, ein bloß individuelles zu sein und jetzt reines willenloses Subjekt der Erkenntnis ist, welche nicht mehr ... den Relationen (der Dinge) nachgeht, sondern in fester Kontemplation des dargebotenen Objekts, außer seinem Zusammenhang mit irgend anderen ruht und darin aufgeht.“ *(A. Schopenhauer, a.a.O.)* Als Meditationsobjekte nennt Schopenhauer: „Ein Land, eine Landschaft, ein Baum, ein Fels, ein Gebäude oder was auch immer.“ Folgende Schritte der Meditation kann Schopenhauer hier beschreiben:

1. Trennung des Erkenntniswillens von den Alltagsdingen
2. Konzentration auf ein allgemeines Erkenntnisobjekt mit Aufgabe der subjektiven Interessen
3. Konzentration und Ruhe im Schauen des Objekts
4. Aufgehen im Objekt

Übung:

Wählen Sie ein Meditationsobjekt, z. B. eine Landschaft, einen Baum, einen Fels, ein Gebäude oder was auch immer. Stellen Sie sich bei geschlossenen Augen dieses Objekt vor. Vertreiben Sie alle Ablenkungen Ihrer Konzentration, bis Sie möglichst lange dieses Objekt als reines inneres Bild sehen. Beschreiben Sie dann Ihre Meditationserfahrungen.

Über den Prozeß dieser Meditation der Idee schreibt Schopenhauer: Wenn das Individuum in der Konzentration auf sein Meditationsobjekt, „seinen Willen vergißt ... nur als klarer Spiegel des Objekts bestehen bleibt ... so daß beide eins geworden sind, indem das ganze Bewußtsein von einem einzigen anschaulichen Bild gänzlich ausgefüllt und eingenommen ist ... dann ist, was also erkannt wird, nicht mehr das einzelne Ding als solches, sondern es ist die Idee." *(A. Schopenhauer, a.a.O., S. 233)* In solcher Meditation „nun wird mit einem Schlage das einzelne Ding zur Idee seiner Gattung und das anschauende Individuum zum reinen Subjekt des Erkennens. Das Individuum als solches erkennt nur einzelne Dinge, das reine Subjekt des -Erkennens, aber nur Ideen." *(A. Schopenhauer, a.a.O., S. 233)*

Diese Meditation soll sich auf „alle Ideen oder Stufen der Objektivität des Willens der Reihe nach beziehen und man hat als Resultat die ganze Welt als Vorstellung vor sich, wobei dann nur noch die Welt als bloßer Wille, blinder Drang übrigbleibt." *(A. Schopenhauer, a.a.O., S. 234)* Diese Erkenntnis auf der höchsten Stufe der Meditation ermöglicht „die Aufhebung des Wollens, die Erlösung durch Freiheit, die Überwindung und Vernichtung der Welt." *(A. Schopenhauer, a.a.O., Bd I,2., S. 413)*

108. Tag: Phänomenologische Meditation

Edmund Husserl (1859-1938) erneuert die platonische Meditationsmethode und verbindet sie zugleich, mit der Bezweiflungstechnik von René Descartes. Husserl beschreibt seine Meditationsmethode als Praxis des Bruches mit der alltäglichen Denkroutine: „Jeder, der ernstlich Philosoph sein will, muß sich einmal im Le-

ben auf sich selbst zurückziehen und in sich den Umsturz aller ihm bisher geltenden Wissenschaften und ihren Neubau versuchen." *(E. Husserl 1977, S. 4)*
Als erstes Resultat seiner Meditation hält Husserl fest: „Das Außergeltungsetzen aller Erstellungsnahmen zur vorgegebenen objektiven Welt ... stellt uns nicht einem Nichts gegenüber. Was uns vielmehr .. dadurch zu eigen wird ... ist mein reines Leben mit seinen Allgemeinheiten, das Universum der Phänomene." *(E. Husserl, a.a.O., S. 22)*

Übung:
Schließen Sie die Augen und konfrontieren Sie sich mit dem Erlebnisstrom Ihres Bewußtseins den ständig wechselnden Gedankeneinfällen.
Stellen Sie dann folgendes fest:

1. **Welche Zeitform**
2. **welche Raumform**
3. **welche Intentionalität (Zielgerichtetheit) hat Ihr innerer Bewußtseinsstrom?**
4. **Stellen Sie auch fest, welche Phänomene der äußeren Realität sich in Ihrem Ich spiegeln und**
5. **welche anderen Menschen in Ihrem Bewußtseinsstrom vorkommen.**

Fassen Sie Ihre Meditationserfahrungen nun in ein paar Sätzen zusammen.

Nach der Übung werden Sie wissen, daß Sie in Ihrem Bewußtseinsstrom durch ein Ihr Ich übersteigendes Ich gelenkt werden, das Glied einer Gemeinschaft „übersteigender Iche ist, die eine inerschlossene und plausible und zweifelsfreie Welt konstituieren". Die Welt enthüllt sich in der Husserlschen Meditation als Welt gemeinsamer plausibel gedeuteter Inhalte des inneren Bewußtseins.

109. Tag: Meditation als Transzendieren und Lesen der Chiffreschrift

Karl Jaspers (1883-1969) beschreibt die philosophische Meditation als tranzendierende Besinnung. Diese Besinnung hat folgende Typen:

a) Transzendieren:
„Am Leitfaden philosophischer Gedankengänge vergewissere ich mich des eigentlichen Seins.“ *(K. Jaspers 1963, S. 119)*
Diese transzendierenden Gedankengänge können sein
- vom Denkbaren zum Undenkbaren aufsteigen, in denen alles Denkbare über Transzendenz verneint wird.
- Transzendieren auf das Übersein, Jenseits von Sein und Nichts

(K. Jaspers 1956, Band II, S. 36 ff.)

Übung:
Versuchen Sie mal das zu definieren, was nicht denkbar ist und doch sein kann. Schließen Sie dazu die Augen und sprechen Sie den Satz mehrfach „es ist etwas, was nicht denkbar ist“. Achten Sie dann darauf, ob sich Ihnen spontan ein Bild zu dem einstellt, was ist, aber nicht denkbar ist.

b) Lesen der Chiffreschrift
„Ich lese die Chiffreschrift des Seins ... ich mache Sie mir verständlich durch philosophische Vergegenwärtigung. Ich suche ... hinabzudringen in den Grund gleichsam einer Mitwisserschaft mit der Schöpfung.“
(K. Jaspers 1956.)
Dieses Lesen der Chiffreschrift will „aus der Einzigkeit der Existenz in das Einzig-Allgemeine der Tran-

szendenz durch das innere Lesen der Chiffreschrift blicken."
(K. Jaspers Band 2, 1956, S. 163)

Übung:
Schließen Sie die Augen. Stellen Sie sich die Chiffre Natur oder Geschichte oder Mensch als bildliches Symbol vor. Beschreiben Sie Ihren Symboleindruck.

Der philosophischen Meditation können eine ganze Reihe von positiven Wirkungen nachgewiesen werden: Ruhe, Konzentration, Gelassenheit, Minderung von Streß, mehr Energie, besserer Schlaf, weniger Nikotingenuß, mehr Lebensfreude usw. Allerdings hat philosophische Meditation auch Nebenwirkungen. Keine Methode der Meditation hat für Sie eine Wirkung und Sie erleben darüber eine gewisse Frustration. Sie werden schnell müde beim Meditieren und geben auf. Sie erreichen schnell eine tiefe Regression und haben Mühe sich wieder im Alltag zu orientieren. Sie entwikkeln zu schnell Energie und Unruhe. Paranormales Hellsehen tritt als Begleiterscheinung der Meditation auf. Visionen überfluten Sie. Sie trennen sich von Ihrem Körper und machen außerkörperliche Erfahrung. Sie verlieren den Bezug zur Realität. Sie haben plötzlich das Gefühl vernichtet oder erleuchtet zu sein. Sie geraten in eine philosophische Krise *(S. Grof, C. Grof 1991)*

Als Gegenmittel gegen solche Störungen können sie einsetzen: Die Meditationszeit verkürzen oder die Meditation ganz aufgeben. Nehmen Sie sich selbst nicht so wichtig. Analysieren Sie Ihr Geltungs- und Machtstreben, das Sie möglicherweise in Ihrer Meditation lenkt. Beschreiben Sie Ihre Meditationserfahrungen immer in Ihrem philosophischen Journal. Beschäftigen Sie sich bei nachhaltigen Ich-Störungen in der Meditation anschließend nur noch mit alltäglich Dingen. Reflektieren Sie nach jeder Meditation mit Hilfe Ihrer Vernunft, Ihre Meditationserfolge oder Ihre Meditationsverluste.

Es gibt physische und psychische Erkrankungen, bei denen philosophische Meditation nicht praktiziert werden sollte. Bei folgenden physischen Erkrankungen muß von philosophischer Meditation abgeraten werden: Zu niedriger Blutdruck, Herzerkrankung, Kreislauferkrankung, Epilepsie, Neigung zu Kopfschmerzen. Bei folgenden psychischen Erkrankungen ist philosophische Meditation schädlich: Ich-Diffusion, Depression, Phobien vor Räumen und Tieren, Verfolgungsängste, Zwangshandlungen, regelmäßige Schlafstörungen und allgemeine Ängste. Bei beiden Formenkreisen von Erkrankungen ist der Arzt oder der Psychotherapeut aufzusuchen und nicht der philosophische Guru.

Aber: Zur philosophischen Meditation ist der geeignet, der längere Zeit regelmäßig meditieren kann. Das sind die meisten Tagebuchschreiber und -schreiberinnen.

Kapitel 8
Übungen zum metaphysischen Denken

„In meinem Tagebuch interessieren mich nur die erhabenen Seelen – nur sie allein. Aber ich selber bin keine erhabene Seele“.

(Albert Camus, 1913-1960)

Metaphysisches Denken wird für das Ich in der Geschichte der Philosophie am greifbarsten in den Gottesbeweisen. Die zwölf wichtigsten Gottesbeweise wollen wir im Folgenden üben.

110. Tag: Moralischer Gottesbeweis

Dieser Gottesbeweis wird besonders von *Immanuel Kant (1727-1804)* in seiner „Kritik der praktischen Vernunft" vorgestellt. Der moralische Gottesbeweis umfaßt folgenden Argumentationsgang: Weil jeder Mensch, weil jedes Ich sich so verhalten muß, daß jedes andere Ich auch leben kann, muß die Existenz eines Sittengesetzes angenommen werden. Dieses Gesetz verpflichtet jedes Ich bei Strafe des eigenen Unterganges zur Respektierung der Rechte jedes anderen Ichs. Da dieses anti-egoistische Gesetz nicht von egozentrischen Individuen geschaffen sein kann, muß Gott als Urheber angenommen werden. Die Existenz des Sittengesetzes macht die Existenz Gottes wahrscheinlich.

Übung:

Stellen Sie einen Katalog aller menschlichen Grundrechte dar, die von allen Ichs respektiert werden müssen. Stellen Sie fest, wer diese Grundrechte erlassen hat und ob sie einen metaphysischen Ursprung haben könnten.

111. Tag: Ewige Wahrheiten

Bei der Erforschung der Natur wurden schon früh in der Menschheitsgeschichte Naturgesetze erkannt. Die *Moderne* hat eine Fülle von Naturgesetzen durch ihre praktische Nutzung in ihrer Wahrheit bestätigt. Schon *Aurelius Augustinus* führte im 4. Jahrhundert nach Christus folgenden Gottesbeweis vor: „Es gibt Naturgesetze, die unwandelbar sind. Unsere Vernunft schafft diese Wahrheiten nicht, sondern entdeckt sie nur. Also müssen diese Wahrheiten einen Ursprung haben, der höher ist als unsere Vernunft."

Übung:
Formulieren Sie zwei Naturgesetze. Fragen Sie sich, wer der Urheber dieser Gesetze, die die Natur lenken, ist.

112. Tag: Das Streben nach Glück

Jedes Ich strebt nach Glück. Jedoch erfährt das Ich in jeder Glückssituation das Scheitern einer vollkommenen Befriedigung. Das Ich strebt deshalb immer nach einer Lust, deren Befriedigung auf Erden unmöglich ist. Die Befriedigung des unendlichen Glücksverlangens des Ichs kann nur ein unsterbliches Dasein ermöglichen. Dieses unsterbliche Dasein kann nur Gott garantieren.

Übung:
Schreiben Sie fünf Minuten Freewriting über das Gut, dessen Erlangung Sie vollständig und ohne Ende glücklich machen würde.

113. Tag: Der größte Gedanke

Wenn man Gott aus seinem Begriff, unabhängig von jeder empirischen Erfahrung, beweisen will, dann muß man den ontologischen Gottesbeweis denken. *Anselm von Canterbury* ging bei diesem Gottesbeweis im 11. Jahrhundert folgendermaßen vor: „Im Bewußtsein des Ichs läßt sich der Begriff Gott finden. Unter Gott läßt sich etwas unüberbietbar Großes denken.

Daß das Größtdenkbare aber nicht nur als Gedanke, sondern als Realität existieren muß, sonst ließe sich immer etwas denken, was nicht nur groß ist, sondern auch existiert, existiert Gott als das Größtdenkbare, dem Existenz zukommen muß."

Übung:
Definieren Sie Gott als das Größtdenkbare. Beschreiben Sie Ihre Gefühlserfahrungen, wenn Sie denken, daß das Größtdenkbare auch existieren muß.

114. Tag: Urknall und Endknall

Der Kosmos wird von dem Grundgesetz der Entropie beherrscht. Dieses Gesetz besagt: Der Kosmos entwickelt sich aus einem Zustand geringer Unordnung in einen Zustand größerer Unordnung. Die Entwicklung der Unordnung, ihr Umschlag in eine neue Ordnung, die sich dann wieder in Unordnung auflöst, könnte auf eine Grundordnung zurückgehen. Diese Grundordnung, die Urknall und Endknall regelt, könnte Gott genannt werden.

Übung:
Stellen Sie sich vor, was vor dem Urknall war und nach dem Endknall sein wird. Beschreiben Sie den a-kosmischen Zustand vor dem Urknall und nach dem Endknall. Benutzen Sie dafür drei Minuten Freewriting.

115. Tag: Die große Ordnung

Alles in der Welt steht untereinander im Zusammenhang. Die Tiere sind in ihrem Verhalten der Umwelt ideal angepaßt. Die Ordnung der lebendigen Körper regeln selbsttätige Prozesse, die genau aufeinander abgestimmt sind. Die Planetenbahnen halten sich gegenseitig im Gleichgewicht. Der Urheber dieser großen Ordnung kann kein Tier und auch kein Mensch sein. Der Urheber der Welt muß vielmehr ein Wesen sein, das wie ein Baumeister alles zu einer übereinstimmenden Einheit gefügt hat.

Übung:
Beobachten Sie einen Ausschnitt der Natur. Beschreiben Sie, in welche größere Ordnung dieser Ausschnitt eingepaßt ist. Schreiben Sie dann einen Dreiminuten-Freewritingtext über den „Bauplan des Universums".

116. Tag: Die Stufen der Welt

Die Komplexität der Welt weist Stufen auf. Die Materie ist am einfachsten gegliedert. Das Leben ist schon komplexer. Am komplexesten ist aber der Geist. Da der menschliche Geist aber endlich und selbstzerstörerisch ist, muß es noch eine höhere geistige Stufe geben. Diese höhere Stufe könnte man Gott nennen.

Übung:
Beschreiben Sie die erste Stufe der Materie, dann die Stufe des Lebens, dann die Stufe des menschlichen Geistes, um schließlich die Stufe des göttlichen Geistes zu umreißen.

117. Tag: Historischer Gottesbeweis

Die Betrachtung der Geschichte zeigt, daß es bei allen Völkern Vorstellungen von Göttern gegeben hat. Die Betrachtung der Geschichte zeigt auch, daß es im Laufe der geschichtlichen Entwicklung zwar eine ständige Änderung der Götterbilder gegeben hat, das

Ringen um ein zentrales Prinzip oder einen höchsten Wert aber niemals aufgehört hat. Also muß es einen höchsten Wert geben, der Gott genannt werden kann.

Übung:
Stellen Sie sich die großen Religionen der Welt vor. Beschreiben Sie einen höchsten Wert, der von allen Religionen akzeptiert werden könnte.

118. Tag: Die Evolution

Charles Darwin (1809-1882) hat die Evolution des Lebens erkannt. Andere haben nach ihm die Evolution des Kosmos erkannt. Jede Evolution besteht in der Erzeugung immer höherer und komplexerer Systeme. Dabei springen die Systeme von der materiellen zur lebendigen und von der lebendigen zur geistigen Stufe. Die Entstehung dieser höheren Stufen können aus der Materie nicht evolutionär erklärt werden. Vielleicht gibt es für den Ursprung, für die Stufung und das Ziel der Evolution eine Ursache, die Gott genannt werden kann.

Übung:
Schreiben Sie fünf Minuten Brainwriting zum Thema „Ursprung und Ziel der Evolution".

119. Tag: Kosmologischer Gottesbeweis

Der Kosmos ist äußerst komplex und doch wohl geordnet. Selbst wenn der Kosmos das vollständige Chaos ist, muß gefragt werden, was die Ursache für das komplette Ausbleiben jeder Ordnung wäre. Die einfachste Erklärung für die Ordnung der Komplexität oder des Chaos im Kosmos ist die Annahme einer alles bestimmenden Ursache. Diese Ursache kann man Gott nennen.

Übung:
Versuchen Sie einmal zu begründen, warum der Kosmos keine Ursache hat. Schreiben Sie dann den Satz weiter: „Der Kosmos hat keine Ursache, weil...“

120. Tag: Das Scheitern der Gottesbeweise

Der Vollzug der Gottesbeweise vermittelt eine spezifische Erfahrung. Für einen Augenblick tritt völlige Klarheit ein. Dann scheitern die Gottesbeweise an inneren und äußeren Einwänden und alle Bemühungen der Beweisung Gottes brechen in sich zusammen. „Trotzdem sind die Beweise nicht nur Irrungen, sofern in ihnen eine existentielle Vergewisserung des Seins deutlich wird.“ *(K. Jaspers 1956, Band 3, S. 200)*

Übung:
Beschreiben Sie Ihre Erfahrung beim Beweisenwollen von Gott. Stellen Sie fest, was für eine Bedeutung für Ihr Leben der Vollzug als Gottesbeweise haben könnte.

Kapitel 9
Übungen zur Bewältigung des Nihilismus

„Tagebücher gleichen Transparenten, deren Inschrift der Schein der Feuerwelt enthüllt“.
(Ernst Jünger, 1895-1998)

9.1. Sinnlos und von Nachteil, geboren zu sein? Die Kritik des Nihilismus als Lebenshilfe

121. Tag: Der Ausgangspunkt:

Der Nihilismus ist heute in der Postmoderne eine Weltanschauung neben anderen. Neben dem Nihilismus gibt es den Humanismus, den Dogmatismus, den Agnostismus, den Zynismus und die Mystik. Allerdings kommt dem Nihilismus als Weltanschauung eine besondere soziale und metaphysische Dimension zu. Es ist also angebracht, den Ausgangspunkt der Auseinandersetzung mit dem Nihilismus genau zu benennen.

Die neuzeitliche Philosophie hat nicht viele sichere Erkenntnisse hervorgebracht. Aber zu den sicheren Erkenntnissen gehören das Cogito ergo sum (Ich denke, also bin ich) des Descartes und die Grunderfahrung der Ehrfurcht vor dem Leben von Albert Schweitzer. Wenn Sie also denken, müssen wir zugestehen, daß wir leben, daß wir uns lebendig vorfinden, daß wir uns schon 18 oder 78 Jahre auf dieser Erde aufhalten und erhalten worden sind. Jede weltanschauliche Bewertung des Lebens setzt die Unhinterfragbarkeit des Lebens, des Leibes, der Erhaltung durch Natur und Gesellschaft immer schon voraus. Jede nihilistische Weltanschauung ist also eine Stellungnahme zum Leben, ist also immer Lebensverneinung, die das Leben aber unbezweifelbar voraussetzt. Wer das Leben also als Nihilist verneinen will, muß immer schon leben und damit das Leben in gewisser Weise bejahen. Bei der Auseinandersetzung mit dem Nihilismus geht es also um die Frage: Lebensbejahung oder Lebensverneinung. Der Nihilismus plädiert für die Lebensverneinung: für die Sinnlosigkeit und den Nachteil, geboren zu sein. Wir haben also zu prüfen:

1. Ist dieses Urteil der Lebensverneinung haltbar?
2. Wie läßt sich die Lebensverneinung des Nihilismus durch Lebensbejahung bewältigen?

122. Tag: Begriff des Nihilismus als Lebensverneinung

Der Nihilismus tritt in Europa im 19. Jahrhundert mit dem Anspruch einer einzigen dogmatischen Wahrheit über Gott und Welt auf. Der Berliner Philosoph Hegel schreibt 1806: „Das Erste der Philosophie ist das absolute Nichts zu erkennen, den Abgrund des Nichts, worin alles Sein versinkt." Deshalb gelte es, daß Gefühl, worauf das Christentum beruht, „Das Gefühl Gott ist tot, dieses absolute Leiden, diesen spekulativen Freitag, in der ganzen Wahrheit und Härte seiner Gottlosigkeit auf sich zu nehmen." (G.W.F. Hegel: Werke. Stuttgart 1941, Bd. 1, S. 409)

Übung:
Sind Sie bereit, das christliche Karfreitagsgefühl, daß Gott tot ist, auf sich zu nehmen?

Friedrich Nietzsche wird ab 1880 zum Verkünder des Nihilismus. Er fragt: „Was bedeutet Nihilismus? – Daß die obersten Werte sich entwerten." (F. Nietzsche: Werke. München 1960 Bd. 3, S. 557)
Was für oberste Werte sich da eigentlich entwerten, das entfaltet Nietzsche in umfängliche Weise. Er nennt folgende Entwertungsprozesse als Kennzeichnung des Nihilismus:

1. Das Christentum erweist sich als eine nihilistische Religion
2. Die Moral verliert sich im Nihilismus
3. Die Philosophie der Neuzeit verschwindet im Nichts
4. Die Naturwissenschaften erweisen ihren nihilistischen Charakter: „Seit Copernikus rollt der Mensch aus dem Zentrum ins X."
5. Die Geschichtswissenschaft hat nihilistische Folgen
6. Die Politik wird immer mehr zur nihilistischen Schauspielerei.
7. Die Ökonomie hat nihilistische Auswirkungen
8. Die Kunst geht in den Nihilismus über

(Vgl. E. Kuhn: Friedrich Nietzsches Philosophie des europäischen Nihilismus. Berlin 1992, S. 137-188)

Übung:
Wählen Sie zwischen Philosophie/Wissenschaft/Politik oder Kunst. Versuchen Sie zu zeigen, inwieweit das gewählte Gebiet heute völlig wertlos geworden ist.

Nietzsche macht auch deutlich, daß es zwei Formen des Nihilismus gibt: Es gibt den passiven und den aktiven Nihilismus. Der passive Nihilismus ist „ein Zeichen der Schwäche, die Kraft des Geistes kann ermüdet, erschöpft sein." (Friedrich Nietzsche: Werke. Bd. III, S. 558) Daneben gibt es den aktiven Nihilismus „Sein Maximum an relativer Kraft erreicht er als gewalttätige Kraft der Zerstörung, als aktiver Nihilismus" (Friedrich Nietzsche: Werke. Bd. III, S. 558). Diese beiden Formen des Nihilismus wollen wir nun genauer betrachten.

Übung:
Kennen Sie die Erfahrung des passiven oder aktiven Nihilismus in Ihrem Leben? Bitte beschreiben Sie entsprechende Erfahrungen.

123. Tag: Der passive Nihilismus als Angst vor dem Nichts

Angst vor der Vergänglichkeit

Innerhalb vieler Religionen erscheint die Lebensverneinung durch Gott und das Leben nach dem Tod durchaus mit Sinn verbunden. Fällt aber nun Gott weg, scheint nur noch die Verneinung übrig zu bleiben. Die Scheinhaftigkeit und Vergänglichkeit der Welt wird zum Nichts und vor diesem Nichts fürchtet sich der Mensch.

Angst vor dem Tod

Der Tod hat einen großen Einfluß auf die Verbreitung des Nihilismus. Solange jemand an ein Weiterleben nach dem Tod glaubt, ist er gegenüber dem Nichts immun. Fällt aber das Weiterleben weg, „geht die Angst vor dem Nichts nach dem Tod oft in einen Drang nach diesem Nichts über." (W. Kraus: Nihilismus heute oder die Geduld der Weltgeschichte. Frankfurt 1985, S. 130)

Angst vor der Apokalypse, vor der Atombombe

Die kosmische Bedrohung durch Sternkollision, das Ausbrechen von Atomkriegen, Natur- und Ökokatastrophen, Virenepidemien, Invasionen aus dem All, all das sind Endzeitängste des Hollywoodfilms, die im Grunde die Angst vor dem Nichts darstellen. Peter Sloterdijk benennt die Angst vor der Atombombe mit folgenden Worten: „Man muß sich einmal in das Innere der Atombombe versetzen, um zu spüren, was es heißt, bei völliger Selbstauflösung in den Kosmos zu explodieren.“ (P. Sloterdijk: Kritik der zynischen Vernunft. Frankfurt 1983, Bd. 1, S. 260)

Übung:
Stellen Sie sich vor, Sie sitzen im Inneren einer Atombombe. Die Atombombe explodiert. Was empfinden Sie? Beschreiben Sie Ihre Gefühle.

In der Lyrik und Prosa von der Romantik bis zur Gegenwart wird das Bild der Angst vor dem Nichts breit ausgestaltet. Dazu nur drei Beispiele:
Zuerst das Märchen aus Büchners Woyzeck:
“Es war einmal ein arm Kind und hat kei Vater und kei Mutter war Alles todt und war Niemand mehr auf der Welt. Alles todt, und es ist hingegangen und hat greint Tag und Nacht. Und weil auf der Erd Niemand mehr war, wollt´s in Himmel gehn, und der Mond guckt es so freundlich an und wie´s endlich zum Mond kam, war's ein Stück faul Holz und da ist es zur Sonn gangen und wie´s zur Sonn kam, war's ein verreckt Sonneblum und wie´s zu den Sterne kam, warens klei golde Mück, die waren angesteckt wie der Neuntödter sie auf die Schlehe steckt und wie's wieder auf die Erd wollt, war die Erd ein umgestürzter Hafen und war ganz allein und da hat sich´s hingesetzt und geweint und da sitzt es noch und ist ganz allein.“
(Aus: Büchners „Woyzeck“)

Der Lyriker Lenau schreibt:
“Bodenlos der Abgrund, keiner Lebenslust
schwächster Funke übrig in der öden Brust.
Und dann: Wozu bin ich denn gemacht? Daß ich vergeh,
und im Leben schaudernd nur den Abgrund seh?“

Friedrich Nietzsche dichtete:
“Weltrad das rollende
streif Ziel auf Ziel
Not – nennt es der Grollende
der Narr nennt´s Spiel!
Welt-Spiel, das herrische,
mischt Sein und Schein:
– das Ewig-Närrische
mischt uns hinein.“

Übung:
Schreiben Sie einen langen Satz über die Melancholie der nihilistischen Wertlosigkeit.

124. Tag: Der aktive Nihilismus als Lust auf Nichts

Die Lust an der Zerstörung

Mit der These „Gott ist tot, alles ist erlaubt“ entwikkelte sich auch der aktive Nihilismus im 19. Jahrhundert. Zuerst in Rußland. Der Anarchist Michael Bakunin gibt die Losung aus: „Tag und Nacht darf man nur einen Gedanken, nur ein Zeil haben, gnadenlose Zerstörung.“ Der Lieblingsschüler Bakunins Sergei Netschajew verfaßte „einen revolutionären Katechismus“. In ihm heißt es: „Wenn der Revolutionär in dieser Welt fortlebt, so geschieht es nur, um sie desto sicherer zu vernichten. Ein Revolutionär ... kennt nur eine einzige Wissenschaft: die Zerstörung ... (Was der Revolutionär auch macht) der Zweck bleibt immer der Gleiche: die möglichst rasche und endgültige Zerstörung der bestehenden Ordnung.“ (Bakunin zit. nach E.V. Zenker: Der Anarchismus. Berlin 1979, S. 112)

Der französische Gegenwartsphilosoph E.M. Cioran erweckt die Philosophie der Zerstörung der Welt nach dem 2. Weltkrieg neu: „Alles was lebt, bejaht und verneint sich bis zur Raserei. Sich hinsterben lassen, bezeugt Schwäche. Sich selbst vernichten, ist Zeichen von Kraft. (E.M. Cioran: Der Absturz in die Zeit. Stuttgart 1972, S. 130f) In einem dadaistischen Manifest nach dem 1. Weltkrieg wird der Wunsch nach Vernichtung umfassend propagiert: „Keine Maler mehr. Keine Literaten. Keine Komponisten. Keine Republikaner mehr. Endgültig Schluß mit dem ganzen Quatsch! Weg damit! Mit allen! Überhaupt nichts mehr! Nichts mehr! Nichts! Nichts! Nichts!"
Ulrich Horstmann feiert die Lust am Nichts. Er schreibt 1985, „daß wir ein Ende machen müssen mit uns und unseresgleichen, so bald und so gründlich wie möglich – ohne Pardon, ohne Skrupel und ohne Überlebende." Und weiter: „Unser militärtechnologischer Leistungsstand dürfte uns schon jetzt dank der angesammelten thermonuklearen Overkill-Kapazitäten ... in den Stand setzen, unsere Spezies bis auf das letzte Exemplar vom Angesicht der Erde zu vertilgen..." Und schließlich: „Ermannen wir uns ... vermonden wir unseren Stoffwechsel diesem Planeten ..., dann wird wieder der Garten Eden sein auf Erden." (U. Horstmann: Das Untier. Farnkfurt 1985, S. 7, 101, 114)

Übung:
Schreiben Sie einen Satz zur Lust an der Zerstörung!

125. Tag: Lust an der Selbstvergottung

Der russische Romanautor Dostojewski schildert in seinen Romanen die modernen Gottestöter. In seinem Roman „Dämonen" steht der Satz: „Wer den Schmerz und die Furcht überwindet, der wird selbst Gott sein. Und Gott wird nicht da sein. – Der Mensch wird ein Gott sein.“ (W. Kraus a.a.O., S. 32) Max Stirner schreibt 1845 in seinem Buch „Der Einzige und sein Eigentum“, Staat, Kirche, Gott und Autorität haben nur dann einen Wert, wenn sie mir, dem Einzigen, nutzen und er führt weiter aus: „Eigner bin ich meiner Gewalt, und ich bin es dann, wenn ich mich als Einzigen weiß. Im Einzigen kehrt selber der Eigner in sein schöpferisches Nichts zurück, aus welchem er geboren wird. Jedes höhere Wesen über mir, sei es Gott, sei es der Mensch, schwächt mein Gefühl der Einzigkeit.“ (M. Stirner: Der einzige und sein Eigentum. Stuttgart 1979, S. 412)

126. Tag: Die Lust, Gott zu töten

Der Marquis de Sade, zur Zeit der französischen Revolution 27 Jahre im Gefängnis, sieht in Gott „eine verbrecherische Gestalt, die den Menschen zermalmt und verneint.“ De Sade verurteilt Gott im Namen der Natur und hält gleicherweise die Natur für eine zerstörerische Kraft. Michael Bakunin fordert: „Wenn Gott wirklich existierte, müßte man ihn beseitigen.“ (M. Bakunin: Gott und der Staat, Reinbek 1969, S. 73)
Nietzsche stellt fest, daß der Gottesmord schon vollzogen ist. „Wohin ist Gott“, rief der tolle Mensch, „Ich will es euch sagen! Wir haben ihn getötet – Ihr und ich“. (Friedrich Nietzsche: Werke Bd. 2, S. 127)
Iwan Karamasow aus Dostojewskis Roman „Die Brüder Karamasow“ urteilt Gott ab: „Wenn das Böse für die göttliche Schöpfung nötig ist, dann ist diese Schöpfung unannehmbar ... Das ganze Wissen der Erde wiegt die Tränen der Kinder nicht auf.“ (Zit.n. A. Camus: Der Mensch in der Revolte. Reinbek 1953, S. 60f)

Übung:
Schreiben Sie einen Satz über die Lust, Gott zu töten.

127. Tag: Die Lust, die Menschheit zu töten

Die totalitären Systeme des 20. Jahrhunderts und zwei Weltkriege haben mit ihren Millionen Opfern gezeigt, daß die Tötung Gottes mit der Lust, Menschen zu töten einhergeht. Hitlers Auschwitz, Stalins Gulag, Hiroshima, Nagasaki, Kambodschas Killing Fields, Maos Kulturrevolution, Pinochet, Franco, Mussolini – sie alle zelebrierten den Nihilismus und zeigten, daß der Mensch nichts wert ist. Der Philosoph Philipp Mainländer argumentierte 1894, „daß selbst Gott den Wunsch habe, zu Nichts zu werden." (ders.: Philosophie der Erlösung. Frankfurt 1894, Bd. 1, S. 323) Der Weg zum Nichts sei der Gang der Weltgeschichte. Denn, wenn aller Fortschritt verbraucht ist, gibt es nur noch einen Fortschritt, den ins Nichts. Die Menschheit „erfüllt dann nur noch die Sehnsucht, ausgestrichen zu sein für immer aus dem großen Buch des Lebens. Und der Wille erreicht nun sein Ziel: „den absoluten Tod." Die Vernichtung der Menschheit beschreibt Mainländer mit euphorischen Worten: „Und dann senkt sich die stille Nacht des Todes auf alle. Wie sie alle im Moment des Übergangs seelig erbeben werden: Sie sind erlöst, erlöst für immer." (Philipp Mainländer: Philosophie der Erlösung. Frankfurt 1894, Bd. 1, S. 323, 313, 315)
E.M. Cioran stellt die Diagnose: „Ich glaube an das Heil der Menschheit, an die Zukunft des Zyankali." (E.M. Cioran: Syllogismen der Bitterkeit. Frankfurt 1995, S. 82)

Übung:
1 Satz über die Holocaust des 20. Jahrhunderts

128. Tag: Die Überwindung des Nihilismus aus der Lebensbejahung

Kommen wir nun zu einigen Vorschlägen, wie der Nihilismus überwunden werden kann.

Die philosophische Überwindung

Der Nihilismus ist ein Dogmatismus, der sich zugleich selbst negiert. Wenn Nichts ist, dann ist auch der Nihilismus Nichts, weil er ja Teil des Nichts sein muß, also auch Nichts ist. (W. Weier: Nihilismus. Paderborn 1980, S. 337) Nihilismus ist also eine totalitäre Ideologie. Er überschreitet mit seinem totalen Anspruch jede Möglichkeit, seine Aussagen zu belegen oder zu widerlegen. Im Grunde ist der Nihilismus eine sinnlose Rede, weil der von ihm Redende immer noch lebt und damit das Leben bejaht.
Das Reden vom Nichts setzt das Sein als zu negierendes Ganzes voraus. Deshalb ist das Nichts nichts ohne das Sein. Wahrscheinlich ist das Nichts nichts und nur das Sein seiend (Parmenidies). Der Nihilismus überträgt dem Nichts Sinn, wo es doch keinen Sinn geben soll, also widerspricht der Nihilismus sich selbst. Die Mystik bezeichnet Gott schon lange als Nichts. Sie kennt die Methode des Gottesbeweises auf dem negativen Weg, der via negationis. Statt von Nichts zu reden, ist die Rede vom deus absconditus (dem verborgenen Gott) oder das Schweigen angemessener. „Wer im Schatten des Nihilismus als der radika-

len Fraglichkeit philosophierend von Gott redet, kann dies nur in der Gebärde des Verzichtens." (W. Weischedel: Philosophische Theologie im Schatten des Nihilismus. In: D. Arendt (Hrsg.): Der Nihilismus als Phänomen der Geistesgeschichte in der wissenschaftlichen Diskussion unseres Jahrhunderts. Darmstadt 1974, S. 168)

Übung:
Versuchen Sie in einem Satz eine philosophische Widerlegung des Nihilismus.

129. Tag: Die absurde Überwindung

Für Albert Camus und viele Existenzphilosophen ist die Welt einfach absurd. Aber der Mensch gewinnt seine Humanität, indem er gegen die Absurdität des Nichts rebelliert. Camus sieht im Sysiphus die mythische Gestalt der Überwindung des Nihilismus. Er schreibt: „Am Ende dieser Finsternisse ist indessen ein Licht zu erwarten, das wir schon erraten und für das wir nur zu kämpfen haben, daß es sei. Jenseits des Nihilismus bereiten wir alle inmitten der Ruinen eine Renaissance vor. Aber wenige wissen es." (A. Camus: Der Mensch in der Revolte, a.a.O., S. 309)

Übung:
Versuchen Sie einen Satz über Ihre Behauptung im absurden Nichts.

130. Tag: Die psychoanalytische Überwindung

Sigmund Freuds Psychoanalyse läßt die Weltgeschichte mit dem Mord am Urvater entstehen. Nihilisten stehen in der Tradition dieser Urmörder. Nihilisten sind Vatermörder, die nicht verwunden haben, daß sie ihre

Mutter nicht grenzenlos besitzen durften. Der Nihilismus der Jugend ist Vaterrebellion und Leiden am Gotteskomplex. Der Nihilismus des Alters ist Haß auf das gescheiterte Allmachtsstreben, angefacht durch den heutigen Kult der Allmacht der Jugend. „Man kann“, schreibt Horst Eberhard Richter, „die allmähliche Überwindung des Gotteskomplexes als Quelle des Nihilismus im Alter sich nur als allmählichen, sich nur als gemeinsamen Prozeß vorstellen, bei welchem man einander hilft, die Angst vor der Ohnmacht und dem Leiden und die Idealisierung der Omnipotenz abzubauen.“ (H.E. Richter: Der Gotteskomplex. Reinbek 1986, S. 237)

Übung:
Welche Art der Lebensbejahung kann im Alter die Lebensverneinung und den Altersnihilismus bekämpfen? Legen Sie eine Liste an.

Alfred Adler, der Begründer der Individualpsychologie, stellt fest, Nihilisten leiden an einem Minderwertigkeitskomplex. Um diesen Komplex loszuwerden und Macht zu spüren, produzieren sie ein Machtgefühl, das sie selber zu Gott macht. Nihilismus ist nur die ideologische Kostümierung des modernen nervösen Charakters, der eine Legitimation für sein grenzenloses Machtstreben braucht.

Übung:
Was tun Sie gegen Ihre Minderwertigkeitsgefühle? Schreiben Sie in einem Satz eine Antwort.

Für Viktor E. Frankl verbreitet sich der Nihilismus heute als „Sinnlosigkeitsgefühl, Leeregefühl, als existentielles Vakuum.“ (V.E. Frankl: Die Sinnfrage in der Psychotherapie. München 1981, S. 22)

Dieses Leeregefühl erscheint heute als Massenneurose. Es resultiert einmal aus endogenen Depressionen, die keine ersichtlichen Ursachen haben und die dazu fürhren, daß „der Patient sich für wertlos und das Leben für sinnlos hält." (V.E. Frankl, a.a.O., S. 26) Zum anderen gibt es die psychogene und die noogene Depression, die zur Selbstzerstörung oder Fremdzerstörung durch Selbstmord, Sucht, Kriminalität und Gewalt führt. Als Abhilfe schlägt Frankl folgende Methoden der Sinnstiftung vor:

- ein persönliches Leiden in eine menschliche Leistung zu transformieren,
- am Leiden zu wachsen,
- sich selbst zu verändern,
- seine soziale Umwelt zu verändern,
- indem man in der Fürsorge für das Leiden anderer Sinn findet.
- den Übersinn der Welt suchen und finden,
- das Schicksal Krankheit und Tod einfach annehmen.

(V.E. Frankl, a.a.O., S. 106)
Seine Botschaft „Der Mensch kann trotz Not und Tod, trotz körperlicher und seelischer Krankheit, trotz Einsperrung ins KZ Ich sagen zum Ja-Sagen, Ja-Sagen zum Leben". (V.E. Frankl, a.a.O., S. 141)

Übung:
Welche Sinnproduktion steht Ihnen in Ihrem Leben offen?

131. Tag: Überwindung des Nihilismus durch absurde Mystik

Wilhelm Weischädel versucht den Gott der Philosophen im Zeitalter des Nihilismus zu begreifen. Wenn Philosophieren Fragen ist, dann ist es das Nichts, das,

was zur radikalen Fraglichkeit motiviert. Das Nichts zwingt nach dem Sein zu fragen: „Warum ist überhaupt etwas, warum ist nicht vielmehr nichts?“ Diese Haltung der Fraglichkeit läßt das Nichts nicht nichts sein, sondern hält „die Frage nach dem Sinn offen, auch und gerade in der ständigen Erfahrung der Ungreifbarkeit jeglichen Sinns.“ (W. Weischedel: Philosophische Theologie im Schatten des Nihilismus. In: D. Arendt, a.a.O., S. 158)
Wenn die Fraglichkeit auch das Nichts in Frage stellt, kann es für den radikalen Frager „zum Schweben zwischen Sein und Nichts kommen“. Der Kern des mystischen Sinns der Philosophie im Zeitalter des Nihilismus ist: Gelassenheit, Abschiedlichkeit, „Abschiedlichkeit aber heißt zutiefst: Abschied auch von Gott.“ (W. Weischedel, a.a.O., S. 168)

Übung:
Kennen Sie die Situation des Schwebens, des „Schwebens zwischen Sein und Nichts“? Beschreiben Sie diese Situation.

132. Tag: Überwindung des Nihilismus durch Kunst und Kreativität

Schon für Nietzsche wird der Nihilismus durch die Setzung neuer Werte: durch Schaffen, Kreativität und den Künstler-Übermenschen überwunden. (E. Kuhn: Friedrich Nietzsches Philosophie des europäischen Nihilismus. Berlin 1992, S. 255f) Viele Dichter der Gegenwart propagieren den Nihilismus, aber es gibt auch welche, die ihn überwinden. So sagte Canetti: „Es kann nicht die Sache des Dichters sein, die Menschheit dem Tode auszuliefern. Sein Stolz wird es sein, den Abgesandten des Nichts, die in der Literatur im-

mer zahlreicher werden, zu widerstehen.“ Gottfried Benn forderte: „Wenn schon eine antimetaphysische Weltanschauung – dann aber eine artistische.“ (G. Benn: Essays und Reden. Frankfurt 1989, S. 231) Auch Peter Handke will sich aufrichten vor der Sinnlosigkeit „Sooft ich mich aufrichten kann, bin ich dazu verpflichtet.“ (P. Handke: Geschichte des Bleistifts. Frankfurt 1989, S. 12)
Ein gutes Beispiel für die Überwindung des Nihilismus in der Psychose bieten heute viele Psychiatriebetroffene, die über ihre psychotische Leereerfahrung kreativ schreiben. Dafür wollen wir noch zwei Beispiele geben.
Nun ein Gedicht von Hildegard Pelzer:

Ich lebe ein unmögliches Leben
Ich kann nicht leben
schreibend lebe ich.
(H.H. Koch, N. Keßler: ... fast wie ein Phönix. Literarische Grenzgänge. Bonn 1998, S. 27)

Übung:
Ich lese Ihnen nun folgendes Gedicht von Anne Möbus vor. Schreiben Sie, nachdem Sie das Gedicht gehört haben, zu diesem Gedicht eine Antwortzeile.

Ruhe
Stehen bleiben
Ruhe bewahren
Zur Ruhe kommen.
Nicht mehr kämpfen
Einfach aufhören
Aufgeben.
Nicht mehr wollen
Nichts mehr wollen

Nichts mehr wollen müssen.
Nichts mehr tun müssen
Nichts erhoffen
Nichts verlangen (von sich selbst)
Nichts erwarten.
Nur noch fallen lassen
Tief durchatmen
Sich selbst wahrnehmen
Spüren
Lauschen
Nur noch sein:
Einfach sein.

(H.H. Koch, N. Keßler, a.a.O., S. 46)

136. Tag: Schluß

Ziehen wir nun ein Fazit.
Auf die Frage: „Ist das Urteil der Lebensverneinung haltbar?" heißt die Antwort: „Nein."
Auf die Frage: „Wie läßt sich die Lebensverneinung des Nihilismus durch Lebensbejahung bewältigen?" heißt die Antwort: „Durch Überwindung der Angst und der Lust am Nichts. Und dabei hilft uns radikale Philosophie, Existenzialismus, Tiefenpsychologie, Mystik und Kunst.

Kapitel 10
Übungen zur Reise nach Innen

„Ich will ein Tagebuch führen, um mich zu vergewissern, was ich eigentlich will."
(Karl Jaspers, 1883-1968)

10.1 Umrisse der Reise nach Innen

Heute feiert das Außen Triumphe. In den Waren und im Geld scheint aller Reichtum Gestalt zu gewinnen. Aber das ist alles vergänglich. Das letzte Hemd hat keine Taschen. Der Mensch vergeht, die Erde verweht. Philosophische Lebenskunst muß sich mit radikalen Methoden der Entschleunigung der Welt, des Anhaltens der Welt auseinandersetzen. Philosophische Lebenskunst muß den Weg nach Innen beschreiten. Sagt doch schon der romantische Philosoph *Novalis* (1772-1801): „Immer nach Innen geht der entscheidende Weg." Das Innen ist die Welt des Geistes, des Unbewußten, der unendlichen Tiefe und der erhabenen Höhe. „Der mystische Weg ist ein Weg der Gipfelerfahrung und wird gezeichnet als Bergbesteigung, die vom menschlichen Bereich zum göttlichen hinführt." *(A.M. Haas 1997, S. 75)* Der Aufstieg erfordert aber auch den Abstieg. „Wer auf dem Berg der Beschauung, der mystischen Erfahrung also, steigt, der muß davon wieder hinunter. Der Mystiker muß, ob er will oder nicht, immer wieder zurück. Zurück in die Welt, zu den Menschen. Das ist schmerzlich, gehört aber zuinnerst zur mystischen Erfahrung." *(A.M. Haas, a.a.O., S. 82)* Das Innen, das sind die inneren Landschaften, die zu imaginieren sind, die man denkend und vorstellend bereisen kann. Das Innen, das ist der kaum erforschte Kontinent, der keine Jumbos oder Internets braucht, um erreicht zu werden. „Das innere Afrika" war immer schon den Dichtern, Träumern, Philosophen und Mystikern bekannt. Gangbare Reiserouten haben aber die philosophischen Mystiker der Vergangenheit und Gegenwart erarbeitet. Die Reise nach Innen ist nicht ungefährlich. Ängstliche

Ichs sollten sie meiden. Ich-schwache Ichs sollten äußerst vorsichtig sein, daß die inneren Energien, die auf der Reise nach Innen auftreten, das Ich nicht überfluten. Wer immer schon die Welt in Distanz sieht, entwickelt bei der Reise nach Innen vielleicht den Wunsch, nicht zurückzukehren. Der ehemalige UNO-Vorsitzende und Mystiker *Dag Hammarskjöld* (1905-1961) sagte: „Die längste Reise ist die Reise nach Innen." Aber jede Reise nach Innen muß immer wieder mit der Rückkehr in den Alltag abgeschlossen werden.

Die Reise nach Innen benutzt bestimmte Methoden, die alle mit dem Schließen der Augen als Zeichen des Abstands von der äußeren Welt beginnen. Alle Methoden der Reise beginnen also mit dem Leib: Sie erweitern das Bewußtsein, erschließen Dimensionen des Unbewußten, erforschen die Tiefe des Unbewußten, um dann in den Alltag zurückzukehren. Diese Reise kann in Stille und Ruhe vollzogen werden, aber auch in Bewegung und Spontaneität. In Europa sehr verbreitet ist die Methode des Weges nach Innen, die als Oberstufe des Autogenen Trainings in Erscheinung tritt. *(I.H. Schultz 1996, K. Thomas 1973)* Die Reise nach Innen in der Stille erfordert die Abblendung der Sinne, und die Übung der Selbsthypnose durch gegenständliche oder verbale Fixierungen. Die Reise nach Innen in Bewegung arbeitet mit Tanz und Musik, die das Bewußtsein verändern. „Daß solche Mittel tatsächlich eine bemerkenswerte Veränderung im menschlichen Bewußtsein bewirken, ist durch Erfahrung bewiesen." *(E. Underhill 1980, S. 77)*

Die Reise nach Innen kann auch spontan geschehen. So wird von dem Philosophen *Jakob Böhme* (1575-1624) berichtet: „Als er eines Tages in seinem Zimmer war, fiel sein Auge auf ein blank gescheuertes zinnernes Gefäß, welches das Sonnenlicht in einem so wunderbaren Glanz spiegelte, daß er in eine innere Verzückung geriet und es war ihm, als könne er in die Prinzipien und tiefsten Gründe der Dinge hineinschauen.“ *(Jakob Böhme zit. E. Underhill, a.a.O., S. 77)*

Auch bei dem Philosophen *Immanuel Kant* zeigte sich, daß er sich „besser in seine philosophischen Gedanken vertiefen konnte, wenn er seinen Blick unverwandt auf einen benachbarten Kirchturm richtete.“ *(E. Underhill, a.a.O., S. 78)*

Die Reise nach Innen ist also für die Ichs leichter, die leicht ihre Bewußtseinsstufen wechseln können. Nicht ohne Grund spricht die Philosophie der Lebenskunst vom multiplen Subjekt als optimalen Praktiker der philosophischen Lebenskunst. *(W. Schmid 1998, S. 250 ff.)* Die Veränderung des Bewußtseins ist der Schlüssel zur Erschließung der inneren Welten. Ein besonders gutes Mittel, sich auf der Reise nach Innen zu begleiten, ist das automatische Schreiben. Viele philosophischen Mystiker haben von der Kraft des automatischen Schreibens berichtet, um den Weg nach Innen zu beschreiten. So berichtet *Philon von Alexandria* (um 20 v.Chr. – 42 n.Chr.) schon in der Antike: „Bisweilen, wenn ich leer an meine Schreibarbeit gekommen war, fühlte ich plötzlich eine Fülle in mir: Ideen wurden auf unsichtbare Weise von oben über mich ausgegossen ..., so daß ich von nichts mehr wußte, weder wo ich war, noch wer ich war, noch wer um mich war, noch wer ich selbst war, noch was ich sagte oder schrieb: Ich empfand nur eine Fülle.“ *(E. Underhill, a.a.O., S. 85)*

Madame Guyon (1648-1717) berichtet im 17. Jahrhundert: „Während ich schrieb, sah ich, daß ich über Dinge schrieb, die ich nie gesehen hatte.“ *(E. Underhill, a.a.O., S. 88)* Der Mystiker *William Blake* (1757-1827) aus dem 18. Jahrhundert sagte über seine Gedichte „Milton" und „Jerusalem": „Ich schrieb diese Gedichte nach unmittelbarem Diktat ... ohne vorherige Überlegung und selbst gegen meinen Willen." *(E. Underhill, a.a.O., S. 88) Carl Gustav Jung* (1875-1961) gibt im 20. Jahrhundert folgende Nachricht über die Erfahrung des automatischen Schreibens: „Es blieb mir nichts übrig, als alles in dem vom Unbewußten selbst gewählten Stil aufzuschreiben." *(C.G. Jung 1963, S. 181)* Er stellt weiter fest: „Ich überließ mich freiwillig den Emotionen, die ich doch nicht billigen konnte. Ich schrieb die Phantasien auf, welche mir oft wie Unsinn vorkamen und gegen die ich Widerstand empfand." *(C.G. Jung, a.a.O., S. 184)* Neben dem automatischen Schreiben arbeitete Jung auch mit der aktiven Imagination zur Erforschung der inneren Räume. „Um die Phantasien zu erfassen, stellte ich mir oft einen Abstieg vor ... Das erste Mal erreichte ich sozusagen eine Tiefe von 300 Metern, das nächste Mal war es schon eine kosmische Tiefe. Es war wie eine Fahrt zum Mond oder wie ein Abstieg ins Leere." *(C.G. Jung, a.a.O., S. 184)* Schließlich begann Jung auch Bilder über seine Reise nach innen zu malen: Mandala-Kreisbilder. „Meine Mandala-Bilder waren Kryptogramme über den Zustand meines Selbst ... Ich sah, wie das Selbst, d.h. meine Ganzheit am Werke war." *(C.G. Jung, a.a.O., S. 199)*

Das Ziel der Reise nach Innen ist die Mitte. Die Erreichung der Mitte dient der Individuation, der Herausbildung eines wirklichen Ichs in enger Beziehung zu seinem höheren Selbst. Es geht bei der Reise nach Innen um Selbstverwirklichung durch Selbstüberwindung. Das Schreiben über die Erfahrung der Reise nach Innen, nach der Rückkehr, kommt nicht ohne die Benutzung von Paradoxien aus. Das Schreiben des Endlichen über das Unendliche weist nämlich folgende Merkmale auf:

- Je mehr die Seele dem Absoluten sich nähert, umso weniger achtet sie auf sich.
- Je mehr der Mensch sich dem Absoluten nähert, umso weniger wichtig erscheint er sich.

Das Auftauchen von Paradoxien im Schreiben des inneren Weges, „liegt grundsätzlich daran, daß jede Gotteserfahrung eine einheitliche Widerspruchserfahrung oder widersprüchliche Einheitserfahrung darstellt." *(A.M. Haas, a.a.O., S. 122)* Oft kämpft aber auch das Schreiben gegen das Schweigen, das sich nach einer Reise nach Innen verbreitet. *(K. Albert 1996, S. 172, 72)*

Beim Weg nach Innen läßt sich das mittelalterliche und das moderne Modell unterscheiden.

Der spekulative Weg nach Innen wird als 6-stufiges Modell dargestellt:

Stufe 1: Erwachen und Aufbruch des Selbst aus dem Alltag
Stufe 2: Innenkehr
Stufe 3: Ekstase
Stufe 4: die dunkle Nacht der Seele
Stufe 5: das Leben der Einigung
Stufe 6: Rückkehr in den Alltag

Übung:

Schreiben Sie in Form eines Märchens eine Reise nach Innen in sechs Stationen.

Seit dem 19. Jahrhundert verändert sich die Reise nach Innen. Sie entwickelt sich nicht mehr als geistige Operation, sondern als empirische wissenschaftliche Erforschung des Unbewußten. Dabei treten folgende Stufen auf:

Stufe 1: Aufbruch aus dem Alltagsleben, Konfrontation mit dem Unbewußten durch Impulse, Träume und Fehlhandlungen
Stufe 2: Erforschung des Unbewußten durch Meditation, freie Assoziation, aktive Imagination oder holotropes Atmen
Stufe 3: Entdeckung des kollektiven Unbewußten, des Traumas der Geburt, der perinatalen Existenz, des Über-Bewußtseins
Stufe 4: Verarbeitung und Gestaltung der Erlebnisse der Reise nach Innen durch wissenschaftliche und literarische Texte
Stufe 5: Entwicklung eines neuen Selbstbildes
Stufe 6: Reintegration der Konfrontation mit dem Unbewußten in das alltägliche Leben.

Übung:
Schreiben Sie nach dem modernen Reisemodell eine Kurzgeschichte über eine fiktive Reise in die Innenwelt.

Zwischen der mittelalterlichen und der modernen Reise nach Innen liegt das 19. und 20. Jahrhundert, als Jahrhundert des Nihilismus, der Kriege und des Holocausts. In dieser Zeit wurde der spekulative Weg nach Innen weitgehend zerstört und der empirische Weg nach Innen aufgebaut.

10.2. Beispiele für die Reise nach Innen

137. Tag: Reise ins göttliche Dunkel

Dionysios Areopagita (Anfang des 6. Jahrh. n.Chr.) ging davon aus, daß der Weg nach Innen zu Gott führt. Er glaubte, daß Gott jenseits des Seins und unsagbar ist. An seinen Schüler Timotheus schrieb er: „Du aber lieber Timotheus, wenn Du Dich um die mystische Schau strebend bemühst, verlaß die sinnliche Wahrnehmung und die Denktätigkeit, alle Sinnendinge und Denkinhalte, alles Seiende und Nicht-Seiende und strebe erkenntnislos zum Geeintwerden – soweit dies möglich ist – mit dem über allem Sein und Erkennen Liegenden empor. Denn durch das ... Heraustreten aus Dir selbst, wirst Du, alles von Dir abtuend und von allem gelöst, zum überwesentlichen Strahl des göttlichen Dunkels empor gehoben werden." *(Dionysios Areopagita 1981, S. 91)*

Nötig ist diesem mystischen Weg nach Innen die Verneinung des Sinnlichen, denn die Allursache hat keinen Körper, noch Gestalt, noch Form. „Noch weiter emporsteigend sagen wir, daß Gott weder Seele ist, noch Denkkraft, noch Vorstellung, daß er nicht Zahl ist, nicht Eins und nicht Einheit und nicht Gottheit ... daß er kein Wort ist, kein Name, und daß es kein Wissen von ihm gibt ... weil die vollständige und einige Ursache von allem über jeder Aussage steht und die Erhabenheit ... jenseits von allem Stehenden über aller Verneinung ist." *(Dionysios Areopagita, a.a.O., S. 96 f.)*

Das Über-Sein ist nur auf dem Weg nach Innen zu erfahren. Der Weg nach Innen gliedert sich für Dionysios in folgende Stufen:

1. Stufe: Laß die sinnlichen Wahrnehmungen zurück.
2. Stufe: Gib das Denken auf.
3. Stufe: Konfrontiere Dich mit dem Dunkel der Unerkennbarkeit Gottes.
4. Stufe: Erfahre das Licht der göttlichen Dunkelheit.
5. Stufe: Vereinige Dich mit dem Licht.

(Dionysios Areopagita, a.a.O., S. 89-99)

Übung:
Versuchen Sie mit geschlossenen Augen die fünf Stufen zu imaginieren. Kommen Sie dann in den Alltag zurück und schreiben Sie drei Texte mit jeweils fünf Sätzen über das Über-Sein:

1. Text: Versammeln Sie alle positiven Aussagen über Gott. Beginnen Sie mit dem Satz
   „Gott ist Licht." und ergänzen Sie diesen Satz um vier weitere Sätze.
2. Text: Schreiben Sie nun alle negativen Aussagen über Gott. Beginnen Sie mit dem Satz
   „Gott ist Dunkelheit." und ergänzen Sie auch diesen Satz um weitere vier Sätze.
3. Text: Verbinden Sie alle positiven und negativen Aussagen über Gott. Beginnen Sie mit dem Satz
   „Gott ist überlichte Dunkelheit." und ergänzen Sie auch diesen Satz um vier weitere Sätze.

138. Tag: Der Aufstieg der Seele

Aurelius Augustinus (354-430 n.Chr.) schildert in seinen „Bekenntnissen" seine Reise nach Innen mit folgenden Worten: „Ich trat ... in mein Innerstes und schaute mit den wie auch immer beschaffenen Augen meiner Seele, über diesen Augen meiner Seele, über meinen Geist das unveränderliche Licht, aufsteigend vom Sichtbaren zum Unsichtbaren und vom Zeitlichen zum Ewigen." *(Augustinus 1963, S. 56)*

In einer früheren Schrift hatte Augustinus die Reise nach Innen in 7 Schritten entwickelt:

1. Schritt: Erkenne, daß die Seele den Leib lebendig macht.
2. Schritt: Die Sinne zeugen von der Kraft der Seele.
3. Schritt: Die Seele erinnert sich an ihre Lebensgeschichte.

4. Schritt: Die Seele erhebt sich über den Körper.
5. Schritt: Die Seele befreit sich von der Todesfurcht.
6. Schritt: Die Seele strebt nach der Wahrheit.
7. Schritt: Die Seele schaut die Wahrheit als höchste Ursache, höchsten Urheber und höchsten Ursprung aller Dinge.

(W. Weischedel 1970, Bd. 1, S. 112)

Übung:
Schließen Sie die Augen. Stellen Sie sich erst Ihren Leib, dann Ihre Sinne, dann Ihre Lebensgeschichte vor. Stellen Sie sich vor, Sie trennen sich von Ihrem Körper. Sie sehen ein Licht, verlieren die Todesfurcht und schauen den höchsten Ursprung aller Dinge und die erste Ursache des Seins. Kehren Sie nun in den Alltag zurück und beschreiben Sie die sieben Stationen Ihrer Reise nach innen.

139. Tag: Das Größt-Denkbare

Anselm von Canterbury (1033-1109) begreift die Reise nach Innen als Denkexperiment in 4 Stufen:

1. Stufe: Entfliehe den Beschäftigungen
2. Stufe: Verbirg Dich eine Weile vor Deinen verworrenen Gedanken, Wirf ab die Sorgen und entziehe Dich unruhevollen Geschäften.
3. Stufe: Sei frei für Dein Denken. Stelle Dir das Größte vor, das Du denken kannst.
4. Stufe: Stelle Dir vor, daß das, worüber nichts Größeres gedacht werden kann, notwendig als etwas gedacht werden muß, das existiert, da es sonst über das Größte hinaus noch etwas größeres Denkbares gibt, das nicht nur groß ist, sondern auch existiert.

(A.v. Canterbury 1995, Kap. 1)

Übung:

Schließen Sie die Augen. Stellen Sie sich das Größte vor, das Sie überhaupt denken können. Stellen Sie sich dann vor, daß, wenn es das Größte ist, es auch existieren muß. Versuchen Sie sich deshalb noch etwas Mächtigeres vorzustellen, das auch die Macht hat, zu existieren. Kehren Sie dann in Ihren Alltag zurück und beschreiben Sie das Größte, von dessen Existenz Sie sich im Denken überzeugt haben.

140. Tag: Die fünf Beweis-Stufen

Thomas von Aquin (1225-1274) hörte vier Monate vor seinem Tod mit seinen Forschungen auf. Er erklärte: „Mit meinem Schreiben hat es ein Ende, denn mir ist solches geoffenbart worden, daß mir das, was ich schrieb und gelehrt habe, unbedeutend erscheint." Im Zentrum seiner Forschungen standen fünf Gottesbeweise, die als Stufen einer Reise zur Gottesgewißheit verstanden werden können.

1. Stufe: Bewegung
2. Stufe: Ursachen
3. Stufe: Notwendigkeit
4. Stufe: Vollkommenheit
5. Stufe: Ziele

(Th.v. Aquin 1996, S. 57 ff.)

Übung:

- **Stellen Sie sich Bewegung vor. Stellen Sie sich dann die erste Ursache aller vorhandenen Bewegungen vor.**
- **Stellen Sie sich Ursachen vor. Stellen Sie sich dann die Ursache vor, die alles verursacht.**
- **Stellen Sie sich die Notwendigkeit vor. Stellen Sie sich dann vor, was unbedingt notwendig ist.**
- **Stellen Sie sich Grade der Vollkommenheit vor. Denken Sie dann das Vollkommenste.**

- Stellen Sie sich Ziele vor. Stellen Sie dann das letzte Ziel vor, auf das alles hinweist.
- Schreiben Sie nun fünf Sätze, die Sie nach den vorgeschlagenen Anfangssätzen auffüllen:

„Die Ursache jeder Bewegung ist ..."
„Die Ursache, die alles verursacht, ist ..."
„Die absolute Notwendigkeit ist ..."
„Das Vollkommenste ist ..."
„Das absolute Ziel in der Welt ist ..."

141. Tag: Die Himmelsleiter

Bonaventura (1217-1274), General des Franziskaner Ordens, hat die Himmelsleiter als inneren Weg entwickelt, die auf eine mystische Erfahrung des Heiligen Franz von Assisi zurückgeht. Der heilige Franz war auf dem Berg La Verna einem Engel mit sieben Flügeln begegnet. Nach diesem Vorbild entwarf Bonaventura dann eine siebenstufige Himmelsleiter:

1. Stufe: Betrachtung der sinnlichen Dinge
2. Stufe: Erfassung des göttlichen Wesens in diesen Dingen
3. Stufe: Erfassen, daß die Erkenntnis des Verstandes nur Gottes Werk sein kann
4. Stufe: Erfassen der Vernunft, die sich einen einzigen Urgrund aller Dinge vorstellen kann
5. Stufe: Erfassen Gottes als das Sein überhaupt: „das Erste und das Jüngste, das Ewige und das Gegenwärtige, das Einfachste und das Größte, das Wirklichste und das Unwandelbare, das höchste Eine und dennoch das Allseitige"
6. Stufe: Erleuchtung des Geistes
7. Stufe: Ekstase beim „Hineinschreiten in das Dunkel, das gleichwohl erleuchtet ist"

(W. Weischedel, a.a.O., S. 150 f.)

Übung:
Schließen Sie die Augen. Stellen Sie sich das Ganze vor als das Ursprünglichste und Jüngste, als das Ewige und Gegenwärtige, als das Einfache und Größte, als das Unwirkliche und Unwandelbare, als das Eine und das Alles. Schreiben Sie dann einen Text, der die Worte Ursprünglich – Jüngstes, Ewig – Gegenwärtiges, Einfach – Großes, Wirklich – Unwandelbares, Ein – Alles verwendet.

142. Tag: Der Abstieg zu Gott

Mit *Meister Eckhart* (1260-1328) gewinnt die Reise nach innen eher den Charakter eines Abstiegs als eines Aufstiegs. Für Eckhart ist Gott „in der Seele mit seiner Natur, mit seinem Sein und seiner Gottheit und doch ist er nicht die Seele." *(Meister Eckhart 1963, S. 273)* Und Eckhart weiter: Gott „ist ein weiseloses Sein. Darum muß die Weise, mit der man ihn liebhaben soll, weiselos sein, das heißt: über alles hinaus, was man zu sagen vermag." *(Meister Eckhart, a.a.O., S. 407)* Was ist das letzte Ziel der Reise nach innen für Meister Eckhart? „Es ist das verborgene Dunkel der ewigen Gottheit und ist unerkannt und ward nie erkannt und wird erkannt werden." *(Meister Eckhart, a.a.O., S. 261)*
Der Abstieg hat für Eckhart folgende Stufen:

1. Stufe: Absage an die Welt
2. Stufe: Leerwerden aller Dinge
3. Stufe: Loslassen des Menschen von sich selbst, Erleben der Wüste
4. Stufe: Aufleuchten des Seelenfünkleins
5. Stufe Annäherung an Gott wie an Nichts
6. Stufe: Untergang des Seelenfünkleins in Gottes Licht, ohne Wissen, was dabei passiert.

(Meister Eckhart, a.a.O.)

Übung:
Schließen Sie die Augen. Stellen Sie sich einen Abstieg vor, in dem Sie sich von den Dingen der Welt lossagen. Erfahren Sie Ihr Seelenlicht, das sich dem immer größer werdenden Licht im Dunkeln annähert. Nehmen Sie dann diese Bilder zurück. Schreiben Sie ein Gedicht über den Seelenabstieg und Ihre Annäherung an das überlichte Nichts in sechs reimenden Zeilen.

143. Tag: Der Zusammenfall der Gegensätze

Nikolaus von Kues (1401-1464) erkennt Gott als den Zusammenfall der Gegensätze. Das Denken kann ihn nicht erfassen, weil es sich in Gegensätzen bewegt und Gott jenseits der Gegensätze ist. Wer sich Gott denkend nähern will, muß den Verstand verlassen. Es bleibt den Menschen nichts übrig, als in die mystische Finsternis einzugehen. Wir können, argumentiert Nikolaus von Kues, Gott nur im Nichtwissen begreifen und nicht im Wissen. Der Weg zum Begreifen Gottes geht folgenden Weg:

1. Stufe: Alle Aussagen über Gott sollten zuerst negativer Art sein.
2. Stufe: Alle weiteren Aussagen über Gott sollten positiver Art sein.
3. Stufe: Alle positiven und negativen Aussagen werden im Unsagbaren aufgehoben.
4. Stufe: Nach der Aufgabe der Vernunft tritt die Sehnsucht nach Gott auf.
5. Stufe: Die Sehnsucht führt zur übervernünftigen Schau Gottes. Gott wird im Dunkeln gesehen, in einer gewissen unbegreiflichen Schau gleichsam auf dem Wege einer augenblicklichen Entrückung. Aber in dieser Schau bleibt Gott unsichtbar.

Übung:
Schließen Sie die Augen. Stellen Sie sich die wichtigsten Gegensätze vor. Formulieren Sie die wichtigsten Gegensätze erst in einer These und dann in einer Antithese. Versuchen Sie dann mit Hilfe eines Symbols oder einer Metapher eine Synthese der Gegensätze zu erfassen. Beschreiben Sie danach Ihre Erfahrungen in dieser Grundübung des dialektischen Denkens.

144. Tag: Das mystische Ich

Johann Gottlieb Fichte (1762-1814) begreift, daß das Ich frei ist. „Ich finde mich frei von allen Einflüssen der Sinnenwelt, absolut tätig in mir selbst und durch mich selbst." *(J.G. Fichte: Werke. Leipzig o.J., Bd. III, S. 125)* Allerdings ragt die Freiheit des Ichs auch in den Bereich des Übersinnlichen. Das Ich ist damit mit einem Zugang zum Übersinnlichen ausgestattet. Fichte beschreibt diese Erfahrung des Übersinnlichen mit folgenden Worten: „Es verschwindet vor meinem Blicke und versinkt die Welt, die ich noch so eben bewunderte. In aller Fülle des Lebens ... ist sie doch nur der Vorhang, durch die eine unendlich vollkommene verdeckt wird. Mein Glaube tritt hinter diesen Vorhang ... Er sieht nichts bestimmtes, aber er erwartet mehr, als er hinieden fassen kann und je in der Zeit fassen wird ... So lebe und so bin ich, und so bin ich unveränderlich, fest und vollendet für alle Ewigkeit, denn dieses Sein ist kein von außen angenommenes, es ist mein einziges wahres Sein und Wesen." *(J.G. Fichte 1993, S. 192)* Der Weg nach innen zum Übersinnlichen vollzieht sich nach Fichte in drei Stufen:

1\. Stufe: Erkenntnis des Ichs, daß es am Vergänglichen der Sinnenwelt keine Befriedigung finden kann.

2. Stufe: Das innere Gewissen im Ich spricht die absolute Forderung nach Selbstverwirklichung aus. Selbstverwirklichung ist aber Selbstvernichtung des empirischen Ichs und Geburt des mystischen Ichs.

3. Stufe: In der Verfolgung der Selbstverwirklichung erfährt das Ich seine absolute Selbstbestätigung.

Übung:
Schließen Sie die Augen. Stellen Sie sich den Vorhang der Welt vor. Treten Sie hinter diesen Vorhang. Erkennen Sie das Ich hinter Ihrem alltäglichen Ich: Ihr wahres Ich. Beschreiben Sie Ihr wahres mystisches Ich.

145. Tag: Gott als Weltprozeß

Friedrich W.J. Schelling (1775-1854) beginnt beim Ich, erkennt dann das ewige Ich und begreift schließlich, daß das eigentlich Ewige nur in Gott ist. Gott ist aber ein werdender Gott. „Gott ist nicht wirklich, er wird wirklich." „Gott macht sich selbst." In diesem göttlichen Weltprozeß hat der Mensch seine Freiheit. Er kann sich auf sich selbst stellen und Gott verfehlen oder sich aufgeben und zu Gott aufschwingen und den Grund allen Werdens finden. Der Weg nach Innen erscheint Schelling wieder als Aufschwung. Das Wesen des Aufschwungs ist das Aufgeben des Ichs. „Nur derjenige ist auf den Grund seiner selbst gekommen und hat die ganze Tiefe des Lebens erkannt, der einmal alles verlassen hatte und selbst von allen verlassen war, dem alles versank und der mit dem Unendlichen sich allein gesehen." In dieser Selbstaufgabe „wird mir unmittelbar jenes absolute Subjekt zur höchsten Realität."
(F.W.J. Schelling 1927, Bd. IX, S. 217 f., 233)

Der Weg nach Innen hat für Schelling folgende Stufen:

1. Stufe: Ich selbst
2. Stufe: Das ewige Ich
3. Stufe: Das göttliche Ich im Weltprozeß
4. Stufe: Die Einheit mit Gott in der Aufgabe des Ichs.

Übung:
Schließen Sie die Augen. Stellen Sie sich die ewig werdende Gottheit vor. Finden Sie für die ewig werdende Gottheit ein Symbol. Schreiben Sie über dieses Symbol einen Text mit Hilfe von Freewriting und Clustering. Clustern Sie zum Kernwort „Gott als Weltprozeß"

146. Tag: Von der spekulativen zur natürlichen Mystik

Ludwig Feuerbach (1804-1872) verwirft alle spekulative Mystik. Er ist Atheist. Er sagt: „Mein Atheismus ist der Atheismus der modernen Menschheit und der Wissenschaft. Deshalb muß sich Theologie in Anthropologie verwandeln." „Das Geheimnis der Theologie ist die Anthropologie." *(L. Feuerbach 1969, S. 169)* „Die Aufgabe der neueren Zeit war die Verwirklichung und Vermenschlichung Gottes – die Verwandlung und Auflösung der Theologie in die Anthropologie." *(L. Feuerbach, a.a.O., S. 193)* Alle spekulative Mystik blieb für Feuerbach abstrakt, konkret ist für ihn nur der Mensch und die Natur. „Das Wesen des Seins als Sein ist das Wesen der Natur." *(L. Feuerbach, a.a.O., S. 186)* Feuerbach fordert, daß „wir bei der Natur als dem letzten Grund unserer Existenz stehenbleiben müssen." Wir müssen „an die Stelle des mystischen

Wesens Gottes den Namen und das Wesen der Natur setzen.“ *(zit. n. W. Weischedel, a.a.O., S. 402)* Die Prädikate Gottes wie Ewigkeit und Unendlichkeit sind nur Prädikate der Natur. Die natürliche Mystik versenkt sich in die Natur. „Das letzte Prinzip der Philosophie ist die Einheit des Menschen mit dem Menschen und die Einheit von Mensch und Natur.“ *(L. Feuerbach, a.a.O., S. 272)* „Die neue Philosophie macht den Menschen mit Einschluß der Natur als Basis des Menschen zum alleinigen, universalen und höchsten Gegenstand der Philosophie.“ *(L. Feuerbach, a.a.O., S. 269)* Die Beziehung des Menschen zum Menschen ist die Beziehung von „Ich und Du“. *(L. Feuerbach, a.a.O., S. 271)* Die Natur hat keinen Anfang und kein Ende. Die Natur und die Menschheit werden für Feuerbach zum Gott. Die natürliche Mystik schafft die Verbindung von Ich und Du, von Mensch und Menschheit und von Menschheit und Natur. Die natürliche Mystik hat folgende Stufen:

1. Stufe: Ich und Du
2. Stufe: Ich und die Gattung Mensch
3. Stufe: Ich und Natur

Übung:
Schließen Sie die Augen. Stellen Sie sich erst Ihr Du, dann die Gattung Mensch und schließlich die Natur vor. Beschreiben Sie dann Ihre Erfahrung auf dem Weg Ihrer natürlichen Kontemplation.

147. Tag: Neuentdeckung der Mystik als Reich des Es

Während der moderne Materialismus und Atheismus den Weg nach innen verschloß und nur das Äußere gelten ließ, wiesen Schopenhauer und Nietzsche auf die innere Welt des unbewußten Willens hin. Diese innere Welt wurde dann durch *Sigmund Freud* (1856-1939) als unbewußtes, als Welt des Es, jenseits des Ichs erforscht. Das Es gewinnt für Freud folgende Gestalt:

- Der Inhalt des Es sind Triebe.
- Triebe agieren nach dem Lust- nicht nach dem Realitätsprinzip.
- Triebe sind primär narzistische Kindheitswünsche und verfolgen das ozeanische Gefühl des Verschmelzens von Ich und Welt.
- Triebe versuchen wieder ins Bewußtsein des Ichs zu gelangen.
- Die Triebe des Es kennen keine Negation, kein Bild vom Tod. Sie bewegt kein Zweifel. Die Triebe sind überzeitlich und gleichgültig gegenüber der Realität. Die Vorgänge des Unbewußten „sind zeitlos, das heißt sie sind nicht zeitlich geordnet, werden durch die verlaufende Zeit nicht abgeändert, haben überhaupt keine Beziehung zur Zeit. Auch die Zeitbeziehung ist an die Arbeit des Ichs geknüpft." *(S. Freud: Gesammelte Werke. Bd. X, S. 286)*
- Mit Hilfe der Zensur gelingt es dem Ich, die Triebimpulse des Es zu mildern und damit das Versinken des Ichs in den infantilen Wünschen einer ozeanischen Verschmelzung mit der Welt zu verhindern. *(S. Freud, a.a.O., S. 264-303)*

Das Es, das Unbewußte, ist die Welt des Inneren, der Triebe und Träume jenseits des Ichs. Die Freie Assoziation, das automatische Schreiben und die Traumdeutung eröffnen den Weg ins Innere neu. Wer den Weg nach innen geht, erhellt die Urverdrängungen und die Urphantasien. Er trifft auf den Ödipuskomplex, auf den Kastrationskomplex, auf die narzistische Sehnsucht nach der Verschmelzung mit der Mutter, nach der Ur-Symbiose. Am Ende seines Lebens erkennt Freud, daß er mit seinem Hauptforschungsgegenstand, dem Es, das Reich der Mystik neu eröffnet hat. Er schreibt: „Mystik ist die dunkle Selbstwahrnehmung des Reiches, außerhalb es Ichs, des Es." *(S. Freud, a.a.O., Bd. XVII, S. 152)*

Übung:
Benutzen Sie das automatische Schreiben, um erste Einblicke in Ihr Es, dem mystischen Reich außerhalb Ihres Ichs, zu gewinnnen. Schreiben Sie ohne Kontrolle einfach los. Schreiben Sie fünf Zeilen, was Ihnen gerade einfällt. Stellen Sie dann fest, was in den geschriebenen Einfällen Ihrem Ich fremd vorkommt.

148. Tag: Das kollektive Unbewußte

Carl Gustav Jung (1875-1961) baute den Weg nach Innen energisch aus. Als Jung sich von Freud 1913 trennt, erfährt er eine tiefe Lebenskrise, die er später „Nachtmeerfahrt" nennt. Während dieser Nachtmeerfahrt nach Innen stößt Jung auf die Ur-Ideen in jedem Menschen. Diese Ur-Ideen der inneren Welt nennt er Archetypen. Archetypen „sind vielfach variierte Gebilde, welche auf eine an sich unanschauliche Grundform zurückweisen. ... Archetypen scheinen nicht bewußtseinsfähig zu sein. Sie sind transzendent." *(C.G. Jung 1980, Bd. 8, S. 417)* Archetypen erscheinen dem Ich in mythischen Bildern. „Der Archetypus ist eine Art Bereitschaft, immer wieder dieselben oder ähnlichen mythischen Vorstellungen zu reproduzieren." *(C.G. Jung, a.a.O., Bd. 7, S. 109)* Die Archetyen umfassen das kollektive Unbewußte, das „gleichsam eine tiefere Schicht als das bewußtseinsnähere persönli-

che Unbewußte darstellt.“ *(C.G. Jung, a.a.O., Bd. 8, S. 555)* Bei den Archetypen handelt es sich nicht mehr um persönliche Erfahrungen, „sondern um allgemeine Ideen.“ *(C.G. Jung, a.a.O., Bd. 8, S. 555)* Die Erfahrung der Archetypen ist für das Ich erschreckend. Diese Erfahrung löst oft eine Bewußtseinserweiterung oder auch eine Ich-Auflösung aus. Wo der Archetyp anfängt, hört die Freiheit des Ichs auf. Der Archetyp „mobilisiert philosophische und religiöse Anschauungen, gerade bei Leuten, die sich himmelweit von solchen Schwächeanfällen wähnen.“ *(C.G. Jung, a.a.O., Bd. 8, S. 405)* Die Archetypen, die die tieferen Schichten der Reise nach Innen strukturieren, gliedern sich nach dem Schatten, der Anima beim Mann bzw. dem Animus bei der Frau und dem Selbst, in dem alle Gegensätze zusammenfallen. *(C.G. Jung, a.a.O., Bd. 9/2)*
Der Schatten besteht nicht nur „aus kleinen Fehlern und Schwächen des Menschen, sondern aus einer dämonischen Dynamik.“ *(C.G. Jung, a.a.O., Bd. 7, S. 35)*
Der Schatten ähnelt dem Mephisto des Goetheschen Faust.
Die Anima des Mannes gleicht einer Circe und Kalypso-Gestalt. Der Animus der Frau ist ähnlich einem „fliegenden Holländer“. *(C.G. Jung, a.a.O., Bd. 7, S. 338)*
Das Selbst stellt „eine Vereinigung von Gegensätzen dar, als geeinte Zweiheit, wie z.B. das TAO als Zusammenspiel von Yang und Yin. *(C.G. Jung, a.a.O., Bd. 6, S. 891)* Das Selbst „könnte als der Gott in uns bezeichnet werden.“ *(C.G. Jung, a.a.O., Bd. 7, S. 398 f.)*
Das Selbst „stellt die psychische Ganzheit dar. ... Empirisch aber tritt das Selbst spontan auf in Gestalten von spezifischen Symbolen; als Ganzheit erkennbar vor allem als Mandala und dessen Varianten. Diese Symbole sind historisch als Gottesbilder beglaubigt.“ *(C.G. Jung, a.a.O., Bd. 9/2, S. 283)*

Die Reise nach Innen führt also nach Jung durch die Höllenfahrt der Selbsterkenntnis in der Konfrontation mit dem Schatten. Sie entwickelt sich dann in der Auseinandersetzung mit Anima und Animus und wird schließlich zur Konfrontation mit dem Selbst führen. Nach Jung hat die Reise nach Innen also folgende Stufen:

1. Einbruch des Unbewußten ins Ich. Aufbruch des Ichs.
2. Konfrontation mit dem Schatten und Auseinandersetzung mit ihm.
3. Begegnung des Ichs mit Anima oder Animus.
4. Konfrontation des Ichs mit dem Selbst.
5. Rückkehr in den Alltag und Entwicklung einer neuen Phase der Individuation.

Übung:

Schließen Sie die Augen. Stellen Sie sich Ihren Schatten vor. Beschreiben Sie ihn. Stellen Sie sich dann Ihre Anima bzw. Ihren Animus vor. Machen Sie dann einen Versuch, ein Bild von der Ganzheit des Selbst zu entwickeln. Beschreiben Sie dann die Etappen und Resulate Ihrer Reise nach innen.

149. Tag: Die Besteigung des inneren Berges

Roberto Assagioli (1888-1974) kritisierte an Freud das Übersehen wichtiger Regionen des Unbewußten. Assagioli vermißte bei Freud das Überbewußtsein, das ihm aufgrund von mystischen Erfahrungen eindringlich bekannt geworden war. Der Weg nach Innen erscheint Assagioli wie die Besteigung eines inneren Berges. Diese innere Reise als Bergbesteigung umfaßt nach Assagioli sechs Stufen:

1. Stufe: Unzufriedenheit: Erlebnis der Unzufriedenheit mit dem Alltag, Auftauchen von Ruhelosigkeit, Faszination für das Unbekannte, Außergewöhnliche und Geheimnisvolle.

2. Stufe: Aufbruch: Entleerung des Bewußtseins von den alltäglichen Inhalten, Schaffung von Stille.

3. Stufe: Meditation: Meditation über „ein Thema, das in einem Satz formuliert oder durch ein Wort vorgegeben ist.“ Es geht „um das Wahrnehmen und bewußte Erkennen von Qualität, Bedeutung, Funktion und Wert dessen, worüber man meditiert.“ *(R. Assagioli 1992, S. 42)*

4. Stufe: Zusammenfall der Gegensätze: Durch die Identifikation mit dem Gegenstand der Meditation wird jede Dualität von Subjekt und Objekt aufgehoben.

5. Stufe: Erreichung des Berggipfels: Diese Erfahrung des Überbewußtseins hat folgende Merkmale:
- eine Empfindung des Lichts,
- ein Gefühl des vollständigen Friedens,
- ein Gefühl von Harmonie und Schönheit,
- ein Gefühl der Freude,
- ein Gefühl der Kraft,
- ein Gefühl von Weite, Universalität und Ewigkeit.

(R. Assagioli, a.a.O., S. 43)

Der Höhepunkt der inneren Reise ist diese symbolische Ankunft am Gipfel, als Vereinigung des Ichs mit dem spirituellen Selbst.

6. Stufe: Abstieg: Nach der mystischen Erfahrung des Ichs entwickelt sich ein Impuls zum Handeln. Dem von Innen zurückkehrenden Ich

geht es um die Zusammenarbeit mit allen Menschen, die ähnliche Erfahrungen gemacht haben und die an der Verbreitung einer höheren Bewußtseinsstufe der Zivilisation interessiert sind.

Übung:
Versuchen Sie eine Reise auf den Berggipfel. Schließen Sie die Augen. Stellen Sie sich eine Wiese vor. Erkennen Sie am Ende der Wiese einen Berg. Besteigen Sie ihn. Stellen Sie sich auf dem Berggipfel eine Sonne, eine Rose, einen Kreis oder Ihren inneren Meister vor. Lassen Sie das gewählte Symbol auf sich wirken. Steigen Sie dann vom Berg herab. Gehen Sie über die Wiese an Ihren Ausgangspunkt zurück. Schreiben Sie Ihre Erfahrungen bei der Bergbesteigung auf.

Assagioli hat auch die Fehlentwicklungen als Folge solcher Reisen nach Innen benannt:

- Größenwahn: Der Unterschied zwischen Ich und höherem Selbst wird aufgehoben. Das Ich explodiert und hält sich nun für Gott.
- Wildes Spekulieren: Die transpersonale Erfahrung wird im wilden Spekulieren verwässert.
- Ikaruskomplex: Das Ich löst sich nun aus allen Alltagsverpflichtungen und gibt sich der völligen Lust der inneren Ich-Auslöschung hin.

(R. Assagioli 1993, S. 45-58)

Assagioli hat aber auch auf die Mittel verwiesen, um solche Fehlentwicklungen zu vermeiden:

- Richtiges Verstehen: Man sollte die eigenen Erfahrungen im Kontext der Erfahrungen anderer spiegeln, um jede Aufblähung des eigenen Ichs als besonderes Wesen zu vermeiden.

Kapitel 11
Übungen zur Reise nach Außen

„Sobald ich Tagebuch schreiben kann, bin ich übrigens ruhig und sogar glücklich."
(Jean Paul Sartre, 1905-1980)

Mit der Weltraumfahrt wurde die Wahrnehmung unseres Planeten aus großer Höhe möglich. Der Planet Erde zeigte sich mehr und mehr als absolute Ausnahmeerscheinung in den unendlichen Weiten des Kosmos. Die Idee vom „Raumschiff Erde“ entstand und das Bewußtsein, daß die ganze Menschheit in einem kosmischen Boot sitzt. Viele moderne Philosophen haben angesichts der Raumfahrt den schon in der Stoa üblichen Blick von großer Höhe auf die Erde erneuert. Der Stoiker *Marc Aurel* (121-180 n.Chr.) schlug schon zur Relativierung der Lebenslast vor, die irdischen Dinge aus großer Höhe zu betrachten. Ein solcher Blick zeigt, daß die Erde nur ein Punkt im All ist und jedes einzelne Leben auf ihr sich auf die entscheidenen Schwerpunkte des Lebens konzentrieren sollte.
Der moderne Philosoph *James Lovelock* entwickelte als Konsequenz des neuen kosmischen Bewußtseins die „Gaia-Hypothese“ *(J. Lovelock 1991)*. Die Gaia-Hypothese besagt, daß die Erde ein großer Organismus ist: Alle Lebenssphären sind im Wechsel der Jahreszeiten und Klimaepochen miteinander verbunden.

152. Tag:

Übung:
Schließen Sie die Augen. Stellen Sie sich die Erde aus großer Höhe im Wechsel der Jahreszeiten und Klimaepochen vor. Beschreiben Sie dann eine Kurzbiographie der Erde.

Seit der Raumfahrt steht die Erde ganz im Zeichen der Macht der Technik. Es fehlt nicht an philosophischen Positionen, von Oswald Spengler über Adorno/ Horkheimer bis zu den französischen Poststruktura-

listen, die der wissenschaftlich-technischen Zivilisation ein böses und baldiges Ende vorhersagen. Der deutsche Philosoph *Hans Jonas* (1903-1993) hat den Versuch gemacht, mit seinem Buch „Das Prinzip Verantwortung“ eine Ethik für die technologische Zivilisation zu entwickeln (Frankfurt 1984), die nicht auf die Apokalypse setzt. Jonas geht von der Einsicht aus: „Keine frühere Ethik hatte die globalen Bedingungen menschlichen Lebens und die ferne Zukunft, ja die Existenz der Gattung zu berücksichtigen.“ *(H. Jonas 1984, S. 28)* Heute ist die technische Zivilisation durchaus in der Lage, durch Atomkrieg oder Öko-Raubbau die gesamte Menschheit zu vernichten. Jonas fordert deshalb einen neuen *ökologischen Imperativ*:
„Handle so, daß die Wirkung deiner Handlungen verträglich sind mit der Permanenz menschlichen Lebens auf Erden. Oder negativ ausgedrückt: Handle so, daß die Wirkungen deiner Handlungen nicht zerstörerisch sind für die künftigen Möglichkeiten solchen Lebens.“
(H. Jonas, a.a O., s. 36)

153. Tag:

Übung:
Stellen Sie fest, in welchen Situationen Sie im Rahmen einer globalen Ethik handeln. Beschreiben Sie diese Situationen.

Das Hauptproblem einer kosmischen Ethik ist für Jonas die Überwindung einer bloß auf Menschenwürde zentrierten Ethik, die die Erkenntnis der Würde der Natur außer Acht läßt. Die Unterschlagung der Würde der Natur hat für Jonas den modernen Nihilismus zur Folge. „Haben wir erst einmal die Natur in Hinsicht auf Wert neutralisiert ... zittern wir in der Nacktheit eines Nihilismus, in der größte Macht sich mit größter Leere paart.“ *(H. Jonas, a.a.O., S. 57)*

154. Tag:

Übung:
Setzen Sie einmal die Würde der Natur über die Menschenwürde. Was ergibt sich bei dieser Umwertung der Werte für Ihr Handeln? Legen Sie eine Liste der Konsequenzen an.

Angesichts des destruktiven Potentials der Technik, insbesondere der Waffentechnik, stellt sich für Jonas erstmals für alle Menschen die Frage: „Warum soll es überhaupt eine Menschheit geben und wenn ja, warum?"

155. Tag:

Übung:
Stellen Sie sich auch diese Frage. Warum soll es überhaupt eine Menschheit geben? Geben Sie als Antwort fünf Gründe an.

Als Grundlage jeder kosmischen Ethik gilt für Jonas die Beobachtung, daß es Ziele in der Natur gibt. Jeder Organismus „entscheidet sich für sich selbst und gegen das Nichts und zeigt damit, daß das Sein mehr wert ist als das Nichtsein." *(H. Jonas, a.a.O., S. 155)*

156. Tag:

Übung:
Welche Gründe gibt es für Ihre Entscheidung für das Leben, und mit welchen Gründen lehnen Sie Ihren Selbstmord ab?

Aus dem Lebenswillen der Natur leitet Jonas die weitergehende Forderung ab: Die in Jahrmillionen entstandenen Lebensformen sollen als unverfügbarer Wert geschützt und geachtet werden.

157. Tag:

Übung:
Was tun Sie für den Schutz der Natur, der Arten und der Umwelt? Legen Sie eine Liste Ihrer Schutzmaßnahmen an.

Jonas plädiert für eine kosmische Ethik der Selbstbeschränkung, des Verzichts und des Maßhaltens. Er gibt für diese Ethik auch einen metaphysischen Grund an. Er glaubt nämlich, daß Gott aufgrund des Verzichts auf seine Allmacht die Welt geschaffen hat. „Nachdem Gott sich ganz in die werdende Welt hineingab, hat Gott nichts mehr zu geben. Jetzt ist es am Menschen, ihm zu geben.“ *(H. Jonas: Gedanken über Gott. Frankfurt 1994, S. 48)* Weil Gott nach der Schöpfung nicht mehr allmächtig ist, konnte er für Jonas auch Auschwitz nicht verhindern.

158. Tag:

Übung:
Was für einen Beitrag wollen Sie zur Vollendung der natürlichen Evolution leisten? Geben Sie eine Antwort in einem einminütigen Freewriting-Text.

Der Philosoph der Lebenskunst *Wilhelm Schmid* entwirft aus der Maxime: „Handle so, daß du die Grundlagen deiner eigenen Existenz nicht ruinierst.“ *(W. Schmid 1998, S. 425)* Umrisse einer ökologischen Lebenskunst, die sich auf die Erhaltung des Hauses, der Stadt, der Gesellschaft und der Weltgesellschaft, in der jeder Einzelne wohnt, konzentrieren soll.

159. Tag:

Übung:
Entwickeln Sie Projekte für das Haus, die Stadt, die Gesellschaft und die Weltgesellschaft, die sichern, daß die Menschheit weiter existieren kann.

Mit dieser Übung haben Sie Ihr philosophisches Tagebuch beendet. Sie können es aber leicht weiterführen. Benutzen Sie die philosophischen Basisschreibtechniken (Kap. 3) oder, je nach Bedarf, einzelne Techniken der Kapitel 4-11, um Ihr philosophisches Tagebuchschreiben zu einem ständigen Ausdruck der Lebenskunst in Ihrem Alltag werden zu lassen.

Literatur zu Kapitel 1-11

Adorno, T.W.: Negative Dialektik. Frankfurt 1970
Albert, K.: Einführung in die philosophische Mystik. Darmstadt 1996
Albrecht, C.: Das mystische Erkennen. Bremen 1958
Albrecht, C.: Das mystische Wort. Mainz 1974
Aquin, Th.v.: Die Gottesbeweise. Hamburg 1996
Arendt, H.: Das Leben des Geistes. München 1993
Aristoteles: Poetik. München 1973
Assagioli, R.: Psychosynthese und transpersonale Entwicklung. Paderborn 1992
Assagioli, R.: Psychosynthese. Reinbek 1993
Augustinus: Bekenntnisse. Frankfurt 1963
Aurel, M.: Selbstbetrachtung. Essen 1981
Berg, M.: Philosophische Praxen im deutschsprachigen Raum. Essen 1992
Bernhart, J.: Die philosophische Mystik des Mittelalters. Darmstadt 1967
Bloch, E.: Das Prinzip Hoffnung. Frankfurt 1959
Bragdon, E.: Spirituelle Krisen. Freiburg 1991
Brixner, W.: Die Mystiker. Augsburg 1987
Buber, M.: Ekstatische Konfessionen. Heidelberg 1972
Campbell, J.: Der Heros in 1000 Gestalten. Frankfurt 1976
Camus, A.: Tagebücher 1935-1951. Reinbek 1995
Canterbury, A.v.: Monologion. Stuttgart 1995
Cioran, E.M.: Auf den Gipfeln der Verzweiflung. Frankfurt 1997
Cioran, E.M.: Das Buch der Täuschungen. Frankfurt 1994
Cioran, E.M.: Vom Nachteil geboren zu sein. Frankfurt 1994
Cognet, L.: Gottes Geburt in der Seele. Freiburg 1980
Darwin, C.: Die Entstehung der Arten durch natürliche Zuchtwahl. Leipzig 1990
Descartes, R.: Meditationen. Berlin 1965
Dilthey, W.: Der Aufbau der geschichtlichen Welt in den Geisteswissenschaften. Frankfurt 1974
Dinzelbacher, P.: Wörterbuch der Mystik. Stuttgart 1989
Diogenes Laertius: Leben und Meinungen berühmter Philosophen. Hamburg 1990
Dionysios Areopagita: Von den Namen zum Unnennbaren. Einsiedel 1981

Eersel, P.v.: Sterben – der Weg in ein neues Leben. München 1991
Epiktet: Handbüchlein der Moral. München 1991
Erickson, E.H.: Der vollständige Lebenszyklus. Frankfurt 1992
Feuerbach, L.: Philosophische Kritiken und Grundsätze. Leipzig 1969
Fichte, J.G.: Die Bestimmung des Menschen. Stuttgart 1993
Freud, S.: Gesammelte Werke. Frankfurt 1965 ff., Bd. 1-18
Gallup, G.W., Proctor, W.: Begegnungen mit der Unsterblichkeit. Berlin 1990
Grof, C.u.S.: Die stürmische Suche nach dem Selbst. München 1991[2]
Grof, S.u.C.: Spirituelle Krisen. München 1990
Grof, S.: Kosmos und Psyche. Frankfurt 1997
Grof, S.: Topographie des Unbewußten. Stuttgart 1991[1]
Guardini, R.: Christliches Bewußtsein. München 1956
Haas, A.M.: Mystik als Aussage. Frankfurt 1996
Heidegger, M.: Sein und Zeit. Tübingen 1960
Hinske, N.: Lebenserfahrung und Philosophie. Stuttgart 1986
Hocke, G.R.: Europäische Tagebücher aus vier Jahrhunderten. Wiesbaden 1978
Jaspers, K.: Einführung in die Philosophie. München 1963
Jaspers, K.: Philosophie. Bd. 2, Berlin 1956
Jaspers, K.: Philosophische Autobiographie. In: Ders.: Philosophie und Welt. München 1958
Jaspers, K.: Psychologie der Weltanschauungen. Berlin 1954
Jonas, H.: Das Prinzip Verantwortung. Frankfurt 1984
Jonas, H.: Gedanken über Gott. Frankfurt 1994
Jung, C.G.: Erinnerungen, Träume, Gedanken. Zürich 1963
Jung, C.G.: Gesammelte Werke. Olten 1972 ff., Bd. 1-20
Kant, I.: Werke. Bd. 4, Darmstadt 1962 (???)
Kriwitz, P.: Lebenswelt und Lebenskunst. München 1986
Lavater, J.C.: Geheimes Tagebuch. Leipzig 1771-1773
Leuzinger, P.: Katharsis. Opladen 1997
Lovelock, J.: Das Gaia-Prinzip. München 1991
Meister Eckhart: Deutsche Predigten und Traktate. München 1963
Montaigne, M. de: Die Essays. Stuttgart 1996
Montaigne, M. de: Essays. Zürich 1953
Moody, R.: Leben nach dem Tod. Reinbek 1992
Nestle, W. (Hrsg.): Die Vorsokratiker. Stuttgart 1968
Nietzsche, F.: Werke. München 1960, Bd. 1-3
Novalis: Werke. Bd. 2. Heidelberg 1957

Platon: Werke. Reinbek 1962
Popper, K.R.: Objektive Erkenntnis. Hamburg 1973
Rabbow, P.: Seelenführung. München 1956
Ruh, K.: Geschichte der abendländischen Mystik. München 1990-1995, Bd. 1-3
Ruhbach, G., Sudbrack, J. (Hrsg.): Christliche Mystik. München 1989
Scharfetter, C.: Der spirituelle Weg und seine Gefahre. Stuttgart 1997
Scheler, M.: Die Stellung des Menschen im Kosmos. München 1949
Schelling, F.W.J.: Werke. München 1927
Schmid, W.: Philosophie der Lebenskunst. Frankfurt 1998
Schmid, W.: Epikur. In: Reallexikon für Antike und Christentum. Stuttgart 1962, Bd. 5, Spalte 744
Schopenhauer, A.: Auswahl. Frankfurt 1958
Schopenhauer, A.: Die Welt als Wille und Vorstellung. Bd. I, 2 Zürich 1977
Schopenhauer, A.: Parerga und Paralipomena. Bd. I, 2 Zürich 1977
Schultz, I.H.: Das autogene Training. Stuttgart 1996
Schweitzer, A.: Aus meinem Denken und Leben. Frankfurt 1997
Spinoza, B. de: Ethik. Frankfurt 1982
Stirner, M.: Der Einzige und sein Eigentum. Stuttgart 1979
Sudbrack, J.: Mystik. Mainz 1988
Sudbrack, J.: Wege zur Gottesmystik. Einsiedeln 1980
Underhill, E.: Mystik. Bietigheim 1970
Wehr, G.: Die deutsche Mystik. Bern 1988
Wehr, G.: Die europäische Mystik. Hamburg 1997
Weischedel, W.: Der Gott der Philosophen. Darmstadt 1970, Bd. 1-2
Werder, L.v.: Das philosophische Cafe. Berlin 1998
Werder, L.v.: Ängstige Dich nicht – schreibe. Berlin 1998
Werder, L.v.: Verzweifle nicht – suche. Berlin 1997
Werder, L.v.: Beklage Dich nicht – philosophiere! Berlin 1997
Wittgenstein, L.: Tractatus logico-philosophicus. Frankfurt 1962
Wolters, A., Bambeck, J.J.: Brainpower. Berlin 1992
Zdrenka, P.: Philosophische Praxis. Köln 1996

Allgemeine Literatur zur praktischen Philosophie und zur Philosophie der Lebenskunst

Achenbach, G.B.: Philosophische Praxis. Köln 1984

Baltes, P.: Existentielles Handeln. Frankfurt 1991

Baltes, P.: Lebenstechnik. Darmstadt 1993

Berg, M.: Philosophische Praxen im deutschsprachigen Raum. Essen 1992

Dill, A.: Philosophische Praxis. Frankfurt 1990

Erne, P.T.: Lebenskunst. Kampen 1994

Fellmann, F.: Lebensphilosophie. Reinbek. 1993

Foucault, M.: Die Sorge um sich selbst. Frankfurt 1986

Hadot, P.: Philosophie als Lebensform. Berlin 1991

Heidegger, M.: Gelassenheit. Pfullingen 1959

Hocke, G.R.: Europäische Tagebücher aus vier Jahrhunderten. Wiesbaden 1978

Hinske, N.: Lebenserfahrung und Philosophie. Stuttgart 1986

Imhoff, A.E.: ars vivendi. Wien 1992

Kriwitz, P.: Lebenswelt und Lebenskunst. München 1986

Krämer, H.: Integrative Ethik. Frankfurt 1992

Lauster, P.: Lebenskunst. Düsseldorf 1982

Marten, R.: Lebenskunst. München 1993

Meuter, N.: Narrative Identität. Stuttgart 1995

Nozick, R.: Vom richtigen, guten und glücklichen Leben. München 1991

Rabbow, P.: Seelenführung. München 1956

Sautet, M.: Ein Café für Sokrates. Düsseldorf 1997

Schmid, W.: Philosophie der Lebenskunst. Frankfurt 1998

Singer, P.: Praktische Ethik. Stuttgart 1994

Stirner, M.: Der Einzige und sein Eigentum. Stuttgart 1981

Thomä, D. (Hrsg.): Lebenskunst und Lebenslust. München 1996

Vaneigem, R.: Handbuch der Lebenskunst für die jungen Generationen. Hamburg 1980

Verres, R.: Die Kunst zu leben. München 1994

Voß, G.-G.: Lebensführung als Arbeit. Stuttgart 1991

Werder, L.v.: Beklage dich nicht – philosophiere! Berlin 1996

Werder, L.v.: Verzweifle nicht – suche! Berlin 1997

Werder, L.v.: Ängstige dich nicht – schreibe! Berlin 1998
Werder, L.v.: Das philosophische Café. Berlin 1998
Werder, L.v.: Handbuch der philosophischen Lebenskunst. Berlin 1999
Werder, L.v., Schulte-Steinicke, B.: Schreiben von Tag zu Tag. Zürich 1998
Wolf, U.: Die Suche nach dem guten Leben. Platons Frühdialoge. Reinbek 1996
Zdrenka, P.: Philosophische Praxis. Köln 1996

Glossar

Affirmation: Bejahung, Zustimmung, Bekräftigung
affirmativ: bejahend, zustimmend, bestätigend
Anima: Seele; die Frau im Unbewußten des Mannes (nach C.G. Jung)
Animus: Seele; das Seelenbild des Mannes im Unbewußten der Frau (nach C.G. Jung)
Anthropologie: Wissenschaft vom Menschen und seiner Entwicklungsgeschichte
Aphorismus (Mz.: Aphorismen): prägnant-geistreicher, in Prosa formulierter Gedanke, der eine Erfahrung, Erkenntnis oder Lebensweisheit enthält
Apokalypse: 1. Untergang, Grauen, Unheil 2. Schrift, die sich in Visionen, Träumen, Abschiedsreden, Weisssagungen mit dem kommenden Weltende befasst (z.B. die Offenbarung des Johannes im Neuen Testament)
apokalyptisch: 1. in der Apokalypse (des Johannes) vorkommend 2. auf das Weltende hinweisend, unheilkündend; geheimnisvoll, dunkel
Assimilation: 1. Angleichung eines Einzelnen oder einer Gruppe an die Eigenart einer anderen Gruppe, eines anderen Volkes 2. Verschmelzung neuer Vorstellungen mit bereits vorhandenen
assimilieren: (sich) angleichen, (sich) anpassen
Atheismus: Weltanschauung, die die Existenz Gottes leugnet
Atheist: Anhänger des Atheismus
Bionik: Wissenschaft, die elektronische Probleme nach dem Vorbild biologischer Funktionen zu lösen versucht.
Brainstorming: Verfahren, durch Sammeln von spontanen Einfällen die (beste) Lösung für ein Problem zu finden. (Brainstorm = Geistesblitz)
Deduktion: Ableitung des Besonderen und Einzelnen vom Allgemeinen
deduktiv: auf Deduktion beruhend, durch Deduktion erfolgend
destruktiv: zerstörend, zersetzend
Dialektik: philosophische Methode, die die Position, von der sie ausgeht, durch gegensätzliche Behauptungen in Frage stellt und in der Synthese beider Positionen eine Erkenntnis höherer Art zu gewinnen sucht; Erforschung der Wahrheit durch Aufweisung und Überwindung von Widersprüchen; Gegensätzlichkeit
dialektisch: in Gegensätzen denkend, entsprechend der Methode der Dialektik

Dogma: verbindliche Glaubensaussage; Anspruch der absoluten Gültigkeit, Lehrmeinung
Dogmatiker: unkritischer Verfechter einer Lehrmeinung o.Ä.
dogmatisch: unkritisch an einem Dogma festhaltend
dogmatisieren: zum Dogma erheben
Dogmatismus: starres, unkritisches Festhalten an Anschauungen, Lehrmeinungen o.Ä.
Empirie: aus der Erfahrung gewonnene Kenntnisse,
empirisch: erfahrungsgemäß
Empiriker: jmd, der aufgrund von Erfahrung denkt und handelt
Empirismus: Lehre, die allein die Erfahrung als Erkenntnisquelle gelten läßt
Empirist: Vertreter des Empirismus
empiristisch: den Grundsätzen des Empirismus folgend
Epikureer: Vertreter der Lehre des griechischen Philosophen Epikur (341-270 v.Chr.); jmd, der die materiellen Freuden des Daseins unbedenklich genießt, Genußmensch
epikureisch: nach der Lehre Epikurs lebend; genießerisch, auf Genuß gerichtet
Existentialismus / Existenzphilosophie: philosophische Richtung des 20. Jahrhunderts, deren Hauptthema das wesenhafte menschliche Dasein hinsichtlich seines Existenz- bzw. Seinscharakters ist.
Induktion: wissenschaftliche Methode, vom besonderen Einzelfall auf das Allgemeine, Gesetzmäßige zu schließen
induktiv: in der Art der Induktion vom Einzelnen zum Allgemeinen hinführend
Inkarnation: (rel.) Fleischwerdung, Menschwerdung eines göttlichen Wesens; Verkörperung
intendieren: beabsichtigen, anstreben
intrauterin: (intra-uterin) innerhalb der Gebärmutter (liegend, erfolgend)
Introversion: psychische Grundhaltung, bei der die seelischen Kräfte auf die eigene Innenwelt gerichtet sind
kategorisch: keinen Widerspruch duldend, nachdrücklich, unbedingt gültig
kategorischer Imperativ: unbedingt gültiges ethisches Gesetz (nach I. Kant)
Katharsis: das Sichbefreien von seelischen Konflikten und inneren Spannungen durch emotionales Abreagieren
kathartisch: die Katharsis betreffend
Kohärenz: Zusammenhang
Kohärenzprinzip: Grundsatz vom Zusammenhang alles Seienden
kollektiv: gemeinschaftlich, gruppenweise, umfassend
Kolletivbewußtsein: Gesamtheit der Anschauungen und Gefühle, die der Durchschnitt der Mitglieder einer Gesellschaft hegt.

Kontemplation: konzentriert-beschauliches Nachdenken, geistige Versenkung, Versunkenheit
kontemplativ: beschaulich, besinnlich
Kryptogramm: Verstext mit verborgener Nebenbedeutung; (veraltet) Geheimtext
lateral: seitlich
Meta- / meta-: drückt in Bildungen mit Substantiven aus, dass sich etwas auf einer höheren Stufe, Ebene befindet, darüber geordnet ist oder hinter etwas steht
metaphysisch: jede mögliche Erfahrung überschreitend
Metapher: sprachlicher Ausdruck, bei dem ein Wort (eine Wortgruppe) aus seinem Bedeutungszusammenhang in einen anderen übertragen, als Bild verwendet wird (z.B. Gold ihrer Haare)
multiple: vielfältig, vielfach
Mystik: religiöse Richtung, die den Menschen durch Hingabe und Versenkung zu persönlicher Vereinigung mit Gott zu bringen sucht
mystisch: die Mystik betreffend; dunkel, geheimnisvoll, rätselhaft, unergründlich; unklar, unverständlich, nicht recht durchschaubar
Mystizismus: schwärmerische, auf mystischen Gedanken beruhende, rational nicht begründete Einstellung, Weltanschauung
Mythos: Sage und Dichtung von Göttern, Helden und Geistern; legendäre, glorifizierte Person oder Sache
mythisch: sagenhaft, erdichtet, legendär
Mythologie: Gesamtheit der mythischen Überlieferungen, der Mythen, Sagen, Dichtungen aus der Vorzeit eines Volkes
Ontologie: Lehre vom Sein, vom Seienden
ontologisch: die Ontologie betreffend
paradox: (scheinbar) widersinnig, widersprüchlich
Paradoxie: paradoxer Sachverhalt, etwas Widersinniges, Widersprüchliches
Paradoxon: scheinbar unsinnige falsche Aussage, die aber auf eine höhere Wahrheit hinweist
Paralyse: Auflösung; vollständige motorische Lähmung von Muskeln
perinatal: den Zeitraum kurz vor der Entbindung betreffend
Permanenz: Dauerhaftigkeit
permanent: dauernd, ununterbrochen, ständig
Phänomenologie: Lehre von den Wesenserscheinungen der Dinge
platonisch: von Platon (griechischer Philosoph (~ 428-347 v.Chr.)) stammende Werke, dem Geist Platons entsprechend; nicht sinnlich, rein seelisch-geistig

Polemik: wissenschaftliche, literarische Auseinandersetzung, persönlicher unsachlicher Angriff

prenatal: den Zeitraum kurz nach der Entbindung betreffend

Pythagoräer: Anhänger der Lehre des Pythagoras (altgriechischer Philosoph (6./5. Jh v.Chr.))

Samadhi: im Hinduismus und Buddhismus durch Meditation erreichbare hohe oder höchste Stufe der geistigen Sammlung

Sentenz: kurz und treffend formulierter einprägsamer Ausspruch, der Allgemeingültigkeit beansprucht, Sinnspruch, Denkspruch

Sophist: Vertreter einer Gruppe griechischer Philosophen (Wanderlehrer) des 5. bis 4. Jh.s v.Chr., die als Erste den Menschen in den Mittelpunkt philosophischer Betrachtungen stellten

Stoa: 1. griechische Philosophenschule von 300 v.Chr. bis 250 n.Chr., deren oberste Maxime der Ethik darin bestand, in Übereinstimmung mit sich selbst und mit der Natur zu leben und Neigungen und Affekte als der Einsicht hinderlich zu bekämpfen. 2. altgriechische Säulenhalle im antiken Athen, in der sich die von Zenon von Kition (~ 335-263 v.Chr.) gegründete Schule versammelte.

sublimieren: auf eine höhere Ebene erheben, veredeln; (einen Trieb) in künstlerische, kulturelle Leistung o.Ä. umsetzen

suprakosmisch: über das Weltall hinausgehend (supra = über-, oberhalb; kosmisch = im Weltall, den ganzen Kosmos erfüllend, sich auf den ganzen Kosmos ausdehnend; weltumfassend, unermesslich, unendlich)

Synthese: Aufhebung des sich in These und Antithese Widersprechenden in eine höhere Einheit; Zusammenfügung einzelner Teile zu einem Ganzen

Transzendenz: 1. das jenseits der Erfahrung des gegenständlichen Liegende 2. das Überschreiten der Grenzen von Erfahrung und Bewußtsein, des Diesseits

transzendieren: die Grenzen eines Bereichs überschreiten

transzendental / transzendent: vor jeder subjektiven Erfahrung liegend und die Erkenntnis der Gegenstände an sich erst ermöglichend

Transzendentalphilosophie: (nach Kant) erkenntniskritische Wissenschaft von den transzendentalen Bedingungen

Visualisierung: Darstellung von etwas auf optisch ansprechende Weise

visualisieren: 1. etwas optisch so betonen und herausstellen, daß es Aufmerksamkeit erregt (Werbung); 2. Ideen in ein Bild umsetzen, bildwirksam machen